CINE DE ALIENS Y ROBOTS

CINE DE ALIENS Y ROBOTS

Adolfo Pérez Agustí

© EDICIONES MASTERS
Fernán Caballero, 4-1º dcha.
28019 MADRID
edicionesmasters@gmail.com

Diseño portada: Roberto-Carlos Pérez Rodríguez
Maquetación: Roberto-Carlos Pérez Rodríguez

ISBN: 1490939504
Depósito legal:

PRESENTACIÓN

Procedentes del espacio exterior, de esa última frontera apenas arañada por la exploración espacial, los alienígenas nos llevan visitando hace ya varios siglos, mucho antes de que se les mencionara animosamente como ETs, o más inquietantemente como Aliens. La Ufología, ciencia que estudia el fenómeno de los OVNIs, los nombra como Greys (grises), pues así es su aspecto según algunos dibujos efectuados por quienes aseguran haberles visto. Finalmente, en las leyendas antiguas utilizan el nombre de Jims, aunque bajo esta denominación se incluyen a brujas, animales mitológicos y fantasmas.

El cine ha preferido seguir otra línea para hablarlos de los extraterrestres, y casi siempre los define como seres poseedores de una alta tecnología, así como de un aspecto que a nuestros ojos es horroroso, tanto como lo son sus propósitos destructores de la raza humana, una especie tan inferior para ellos que solamente sienten interés por aniquilarla.

Pero si estos seres orgánicos son temibles y en ocasiones casi indestructibles, ¿qué podemos decir de los robots, unas máquinas casi siempre diseñadas para la guerra? Con un tamaño frecuentemente similar a la altura del ser humano, un cerebro mucho más eficaz que el mejor de nuestros ordenadores, y una envoltura en ocasiones casi orgánica pero más frecuentemente metalizada, su sola presencia hace inviable la respuesta bélica por nuestra parte. Si, además, juntamos a ambos elementos dentro de un gigantesco platillo volante, y les dotamos de un armamento sofisticado y eficaz, las consecuencias para nosotros, los sufridos humanos, serán tan desastrosas que mejor ni las imaginamos, así podremos dormir tranquilos.

Con frecuencia han sido mostrados como seres hostiles por el cine, tan poderosos que ni los mejores ejércitos los pueden destruir, llegando hasta nuestras vidas para demostrarnos que nadie es dueño ni siquiera del terreno que pisa, pues todo depende de la fortaleza del invasor. Pilotando naves que viajan a velocidades superiores a la de la luz, y con una apariencia que casi siempre infunde tanto terror como su armamento, suelen estar acompañados por máquinas tan perfeccionadas que han aprendido a pensar por sí mismas, lo que deja muy poco margen para el error y la compasión.

La unión entre ambos seres, los robots y los alienígenas, ha proporcionado al cine y a los escritores argumentos apasionantes y tenebrosos, aunque siempre ha sido el propio espectador, cuando retorna a su hogar, quien aporta con su imaginación nuevos datos para continuar sintiendo miedo. Afortunadamente, también hay extraterrestres amigables, como ese ET que nos señalaba con su dedo luminoso el lugar de su hogar, o el atractivo "Starman" que sin apenas saber hablar consiguió encandilar a las mujeres con sus cortas frases.

Y sobre los robots también hay para todos los gustos y temblores, ya que nos han mostrado al invencible Gort de "Ultimátum a la Tierra" intentando hacer entrar en razones a los terrestres con sus rayos destructores, parejo al casi indestructible Terminator, quien luego, afortunadamente, se puso de nuestra parte.

Algo más entrañables son esa reencarnación metálica de El Gordo y el Flaco denominados C3PO y R2D2, o ese mayordomo siempre sonriente llamado Andrew que encontró su propia vida en el "Hombre bicentenario", lo mismo que aquel vivaz, travieso y parlanchín robot que desquició a su propio dueño en "Cortocircuito".

PRIMERA PARTE:
ALIENS

Antecedentes Reales

Datos arqueológicos

De tanto mostrarles en el cine como seres monstruosos, depredadores y manejando máquinas tecnológicamente casi perfectas, hemos llegado a olvidar que un día, o muchos, estuvieron entre nosotros y dejaron su huella casi indeleble para ser vista por las sucesivas generaciones. Estas señales físicas están por casi todo el mundo, lo que indica su gran capacidad para trasladarse y avala su autenticidad, pues es raro que una misma mentira se repita en épocas y lugares diferentes.

En las montañas de Tassilli, en el Sahara, por ejemplo, se alza la figura de El Gran Dios Marciano, y aunque parece representar la imagen de Dios, sus rasgos poco humanos nos llevan hasta el planeta que le ha bautizado. Dando un salto hacia la zona desértica del Perú, hasta la localidad de Toro Muerto, encontramos numerosos grabados y dibujos representando a seres que parecen volar y a otros que portan escafandras y se mueven en plataformas que ahora nos parecen platillos volantes, algo similar a las siluetas humanas vestidas con trajes espaciales con escafandras, antenas y dispositivos tecnológicos de la localidad de Val Camonica, en Italia. Esa misma similitud se percibe en Dogo, Japón, pues allí hay la estatuilla de una persona que está embutida en un traje similar a los tradicionales buzos o astronautas, lo que parece sumamente curioso teniendo en cuenta que tiene una antigüedad de 5.000 años.

Y referente a estructuras curiosas, nada mejor que visitar las megalíticas de Inglaterra, concretamente en Stonehenge, las figuras aladas de Tiahuanaco en Bolivia, el templo de Tula de Méjico, con sus cuatro dioses de 10 metros de altura que llevan un armamento imposible para entonces, o la meseta de Tiahuanaco, Bolivia, con sus diseminadas piedras monolíticas, una de ellas representando al dios volador. Otros seres extraños, igualmente voladores, y vestidos a modo de astronautas, los vemos en Chile, en la Quebrada de Camarones, y en Cautla, Méjico, cerca del volcán Popocatepel, lugar predilecto para el avistamiento de Ovnis.

Negar que todas estas señales (hay cientos de ellas disemina-das por el mundo entero) pudieran indicar que la Tierra ha sido visitada por extraterrestres, es tan prepotente como afirmar que en el universo estamos solos, razonamientos ambos impropios de un científico. Una pregunta que se nos viene a la mente es: ¿cómo es posible que en casi todas estas representaciones anti-guas se muestre a personas portando escafandras? A diferencia de las imágenes de los dioses, con su aspecto humano, pacífico, y vistiendo ropas de la época, estos seres extraños tienen dema-siado parecido a nuestros astronautas, y eso en cualquier lugar del mundo, por supuesto en países alejados miles de kilómetros entre sí.

Datos modernos

Lo primero que nos viene a la mente es esa zona denomina-da como **Área 51**, situada en el amplio desierto de Nevada, en la cual cayó un avión militar cuya búsqueda originó el descubri-miento de la zona conocida también como "Groom Lake", debi-do al Groom Dry Lake Bed, en un espacio aéreo alrededor de ella denominado "Dreamland." Allí se prohíben las visitas desde hace décadas, pues es una zona militar restringida, aunque exis-te un marcador, la milla LN 29.5, desde donde los turistas pue-den contemplar el lugar en el cual hay una supuesta e intensa actividad Ovni. Y es que la Carretera 375 es ya un icono de la Ufología, aunque las fotos realizadas apenas muestran un amplio desierto.

¿Y qué decir del popular y enigmático **Triángulo de las Bermudas**? Esta área, delimitada por un triángulo al norte del

Océano Atlántico, ha sido objeto de no pocas investigaciones a causa de las desapariciones frecuentes de barcos y aviones, razón por la cual se la denomina ya como el Triángulo del Diablo. Y aunque nos parezca un fenómeno del siglo XX, lo cierto es que ya el propio Cristóbal Colón informó sobre lecturas extrañas del compás en ese lugar, momentos antes de que tanto él como su tripulación vieran una luz misteriosa y una "llama de fuego" en el cielo. Allí han desaparecido el Vuelo 19, cinco buques torpederos de la Armada, y un vuelo de socorro comandado por Charles Taylor. Igual suerte tuvo el capitán Martin, quien a bordo de un hidroavión especializado en rastrear náufragos en alta mar intentó encontrar a los desaparecidos, perdiéndose igualmente su pista a las pocas horas de llegar al lugar.

Ovni
Ufo (Objeto Volante No identificado)

Se han visto Objetos Volantes No Identificados en los cielos durante siglos. Éstos pueden ser naves espaciales de otros planetas o procedentes de otras dimensiones, pero con frecuencia pueden ser nubes lenticulares, globos meteorológicos, gases del pantano, el planeta Venus, o aviones de pruebas.

Muchos individuos afirman haber sido raptados por extraterrestres y cuentan sus viajes en Objetos Volantes no Identificados.

Los OVNIs frecuentemente se mueven rápidamente, son luminosos, redondos o con forma de disco y en ocasiones se han visto con formas triangulares.

Los estudiosos están seguros que algunos OVNIs se encuentran en el Área 51 de Nevada, especialmente uno que chocó en 1947 en Roswell, Nuevo México. La actividad OVNI está ligada a mutilaciones del ganado, luces, quemaduras extensas, círculos en las cosechas, o incluso a la presencia del Yeti.

Aunque se conservan varias fotografías de estos objetos volantes, otras muchas son solamente bromas o deseos de lucrarse económicamente.

13

Greys

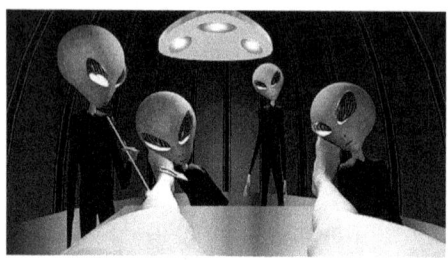

La descripción de la cabeza Grey es normalmente grande, triangular y redondeada delante y atrás. Esto hace pensar en una estructura del lóbulo del cerebro trasera y fronteriza, grande y redondeada, muy similar a la estructura física del cerebro de un cetáceo. Se piensa que esta forma redonda grande es una adaptación del cerebro para manejar el enorme flujo de datos que reciben para su sistema de orientación y otras facultades de comunicación especiales, como la telepatía. También debe notarse que en algunas ocasiones los abducidos perciben sonidos verbales de los Greys, descritas como charlas a alto volumen, similares a la vocalización de los delfines.

Mientras la estructura del cerebro de los Greys ha permanecido básicamente constante, puede asumirse que la habilidad para orientarse mediante sonar o radar de estos seres ha disminuido o se ha atrofiado casi completamente. Todos hacen probablemente un uso pequeño de esta facultad, lo que podría ser una consecuencia de sus clonaciones.

CONJETURAS

En busca de los Extraterrestres

Nuestra noción del espacio, las distancias y el tiempo es muy primitiva, aunque indudablemente sencilla de entender. Durante siglos, sin embargo, las medidas sobre el tamaño y forma de la Tierra estaban basadas en datos erróneos, salvo en lo referente a zonas muy pequeñas y delimitadas. Para los habitantes de Siam, por ejemplo, su país era mucho mayor que Inglaterra, del mismo modo que se asimiló el concepto del espacio exterior al del Cielo; por eso la gente sigue rezando todavía mirando al firmamento. Todo lo que se presumía llegaba del universo nadie lo consideró en un principio como procedente de civilizaciones de seres extraterrestres similares a los humanos, sino como llegado del mismo paraíso o morada de los dioses, aunque hubo quien, como los griegos, que estaban seguros que el Olimpo era un lugar específicamente terrenal.

Ahora ya estamos acostumbrados a separar el concepto metafórico de Cielo, del Universo, como conjunto de planetas y estrellas, dejando bien claro que de existir Dios no puede estar en un planeta determinado. Por eso no nos ha quedado más remedio que admitir la presencia de seres inteligentes más allá de nuestro sistema solar, si no ¿cómo podríamos explicar las numerosas referencias a seres extraterrestres existentes en nuestros ancestrales restos arqueológicos?

El problema es que según nuestros expertos en astrofísica, el viaje hasta la estrella más cercana a una velocidad de 400.000 kilómetros/hora (diez veces superior a la que necesita uno de nuestros cohetes para escapar de la gravedad terrestre), nos llevaría unos 12.000 años. Sin tener en cuenta nuestra corta vida corporal, es fácil presumir que no hay máquina que resista tantos años funcionando. Bueno, la compensación es que podríamos llegar al planeta Marte en apenas diez días y dos años hasta Plutón, pero allí pocas esperanzas tenemos de encontrar vida extraterrestre, salvo que vivan en el interior del planeta.

¿Estos datos excluyen la posibilidad de poder contactar algún día con civilizaciones pertenecientes a otra galaxia? En absoluto, pues lo único que necesitamos es viajar a la velocidad de la luz o, aún más apasionante, conseguir distorsionar el universo olvidando nuestra idea de medidas actuales. Por ejemplo: sabemos que para llegar desde Hong Kong a Los Ángeles hay dos caminos rectos. Uno, cruzando el Pacífico; dos, cruzando Europa y el Atlántico. El primero es indudablemente mucho más corto, lo que nos lleva al sencillo razonamiento de encontrar un camino o una puerta en el espacio que nos permita acortar distancias. Si el universo lo pudiéramos plegar, tal y como se hace con una hoja de papel, pondríamos dos esquinas opuestas una encima de la otra, con lo cual la distancia entre ambas se reduciría a cero. ¿Y si esta es la solución que han adoptado los extraterrestres para llegar hasta nosotros?

Otro asunto es el referente al aspecto que podrían tener estos habitantes intergalácticos, pero aquí podríamos basarnos en el siguiente razonamiento: un ser inteligente debe poseer una estructura física que le permita manipular fácilmente el entorno, lo que nos lleva a unas características similares al del ser humano, pues está comprobado que entre todos los seres vivos de la naturaleza, es el más versátil gracias a sus características físicas. Además, y puesto que no podemos obviar la idea de un sumo Creador, resulta comprensible de que si creó al hombre terrestre a su imagen y semejanza, debemos aceptar que también pudo haber creado al alienígena de modo similar.

El siguiente tema es más sencillo para realizar conjeturas, y es el referente a las condiciones adecuadas para la vida en otros planetas, aunque hasta ahora no hemos hallado nada parecido a un humano en los que hemos visitado. Bueno, tampoco hay humanos en el fondo de los océanos, pero en la superficie tenemos a unos cuantos billones de diversas formas y tamaños. Bajo esta premisa seguro que podremos admitir que en uno o muchos de los planetas alejados de nuestro sistema solar habrá vida "humana", más que nada porque en los 15.000 millones de años de existencia que tiene el universo seguro que han ocurrido miles de procesos evolutivos, capaces cada uno de dar a luz a especies casi infinitas. ¿Ninguna de ellas ha sido inteligente? Es irracional pensar que solamente nosotros, lo terrestres, somos la única especie válida. Así que, de momento, no nos queda nada más que el cine y la literatura fantástica para realizar conjeturas sobre vidas extraterrestres, y en estos medios la imaginación no tiene límites.

LOS EFECTOS ESPECIALES

La ciencia-ficción cinematográfica ha estado unida desde sus comienzos a esa técnica imaginativa denominada como "efectos especiales (FX)", sin la cual hubiera sido imposible recrear tantas y tan variadas criaturas que han llegado hasta nuestros asombrados ojos. Desde los primeros resultados de George Méliès en 1903, pasando por "Con destino a la Luna" en 1950, y continuando con "2001: odisea del espacio" y "Star Wars", la tecnología ha permitido mostrar aquello que solamente existía en nuestras mentes, siendo el avance más impresionante la animación digital computerizada.

Con el fin de que el lector pueda comprender mejor lo que esos imaginativos técnicos son capaces de hacer, he aquí un pequeño diccionario explicativo:

Animatronic
Cualquier personaje o pieza que contiene algún movimiento controlado por un servo motor gobernado por ordenador o señales de radio. Suele contener elementos electrónicos, mecánicos o pneumáticos, reunidos y ensamblados para simular los movimientos de seres vivos.

Botarga
Vestido o aditamento que utiliza el actor para disimular su aspecto. Normalmente se emplea el látex y las fibras sintéticas, aunque también son habituales el caucho, la espuma y las telas, todo afianzado por pegamentos y resinas. Suele ser posible emplearlas varias veces.

Blue & Green Screen

Inventada casi desde los comienzos del cine en color, permite insertar varias imágenes utilizando un fondo azul o verde.

CGI

Siglas que corresponden a Computer Graphic Imagery, y que actualmente suponen la mayor innovación para el cine, ya que son capaces de recrear en la pantalla todo lo que la mente puede imaginar. Sus posibilidades son tales que ni siquiera la imaginación más fértil puede aventurar qué nos deparará el futuro próximo en esta técnica.

Derma Wax

Esta cera de aspecto suave se emplea para reconstruir partes del cuerpo humano, aumentar otras y hasta proporcionar efectos en la piel imposibles de lograr con los maquillajes habituales. Mencionadas también como Mortician's Wax, se emplea para simular cadáveres o zombis.

Fibra de Vidrio

Empleada primeramente en la fabricación de embarcaciones, aviones y automóviles de competición, mezclada con resina puede dar forma a cualquier estructura rígida. Admite el pintado, lijado y la perforación.

Foam:

Realmente se trata del látex en forma de espuma, material de gran duración, suavidad y con capacidad para estirarse, además de ser barato de fabricar y reparar, así como de admitir el pigmentado.

Gelatina

Aunque algo desplazada por los nuevos materiales sintéticos, sigue siendo una buena opción para simular la piel humana, pero requiere un estudio de rodaje frío para que no se derrita.

Para similar vísceras y órganos humanos que se modificarán a los ojos del espectador, sigue siendo una buena opción.

Hot Glue

Es uno de los adhesivos más empleados por su fácil manejo y por ser termofundible, lo que le permite pasar a forma líquida. Se puede volver a utilizar.

Látex Natural

Extraído del árbol del hule, lo conocemos por su uso para fabricar guantes y máscaras. Se moldea a partir de su forma líquida, la cual al secarse se queda semi-rígida. Una variante es el Casting Látex.

Makeup FX

Es el refuerzo a los maquillajes orgánicos, pero ahora recreados por ordenador.

Poliuretano

La espuma de este producto químico sirve como catalizador de otra sustancia, creando una masa homogénea que permite hacer moldes que simularán formas humanas o animales concretas, rígidas o flexibles.

Prostéticos

Se trabaja casi directamente sobre el material original o la piel humana, con objeto de crear un maquillaje más espectacular. Proviene de la medicina reparadora y estética, siendo los implantes de silicona una de las opciones más conocidas.

Sangre Falsa

Aunque la salsa de tomate siempre ha sido la opción más empleada, ahora se fabrica ya sintéticamente bajo el nombre de KD 151.

Silicona

Utilizada para crear moldes, piel sintética y adhesivos, este producto derivado del silicio puede colorearse y variar su flexibilidad, teniendo gran durabilidad y siendo fácil de fabricar en serie.

PELÍCULAS DE ALIENS

EL ENIGMA DE OTRO MUNDO
The Thing From Another World (1951)

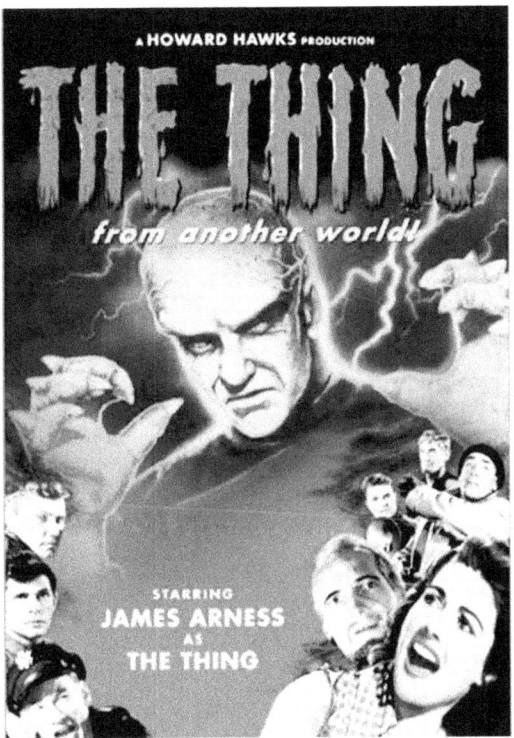

Director: Christian Nyby
Con la colaboración del productor Howard Hawks.
Efectos especiales: Linwood Dunn
Efectos especiales: Donald Stewart
Argumento basada en la novela: "Who goes there?"

Intérpretes:
ROBERT CORNTHWAITE: Dr. Carrington
MARGARET SHERIDAN: Nikki
JAMES ARNESS: el alienígena
KENNETH TOBEY: Patrick Hendry

Una película maravillosa, pues sus virtudes han traspasado todas las fronteras, llegando a asegurar el escritor/director Michael Crichton que se trata de la mejor película de ciencia-ficción de todos los tiempos, aunque hay algunos puntos oscuros para afianzar esta opinión. Uno de poca importancia es el relativo a quién la dirigió realmente, pues hay un director acreditado, Nyby, y un productor, Hawks, de quien se dice que fue el único artífice. La explicación es que la productora compró los derechos al escritor John W. Campbell (bien conocido como el editor de Astounding Science Fiction) en los años cuarenta, y fue Hawks quien realizó los primeros trabajos en el guión, escogió a los actores y dirigió las primeras escenas. El director acreditado en la película, Nyby (quien por cierto no dirigió otra película hasta 1957), había revisado algunas de las películas de Hawks y, finalmente le permitieron continuar los trabajos como un favor. De todas maneras, nadie era consciente de estar creando una película memorable y se pensaba como adecuada para alguna de las matinales de barrio.

Lo cierto es que ahora la mano de Hawks aparece sin dudas en casi todas las escenas, en particular, en los diálogos y la interpretación de los actores, los cuales consiguieron quitarse del esquema infantil de otras obras similares. Lo curioso del caso es que en su estreno ningún crítico dijo grandes elogios, aunque con el paso de los días y ante la gran afluencia de público, cambiaron de opinión y ya nadie dudaba de que se tratara de una obra maestra, aunque todavía hubo quien les acusó de cambiar sensiblemente el argumento original. En concreto, criticaron al actor que interpretaba al alienígena, pues tenía un aspecto "demasiado humano", en lugar de la forma vegetal propuesta por el escritor Campbell. Y eso que durante el filme el profesor Cornthwaite, en contestación a una pregunta del periodista Spencer, se refiere a la criatura como "una zanahoria intelectual". La explicación para humanizar al monstruo se debe a la tendencia de entonces, en la cual la presencia de poderosos alienígenas hacía furor. Además, aquí el científico que intenta proteger esa forma extraterrestre única es criticado en el argumento y considerado como un lunático insensato, por lo que procede destruir al invasor de forma contundente.

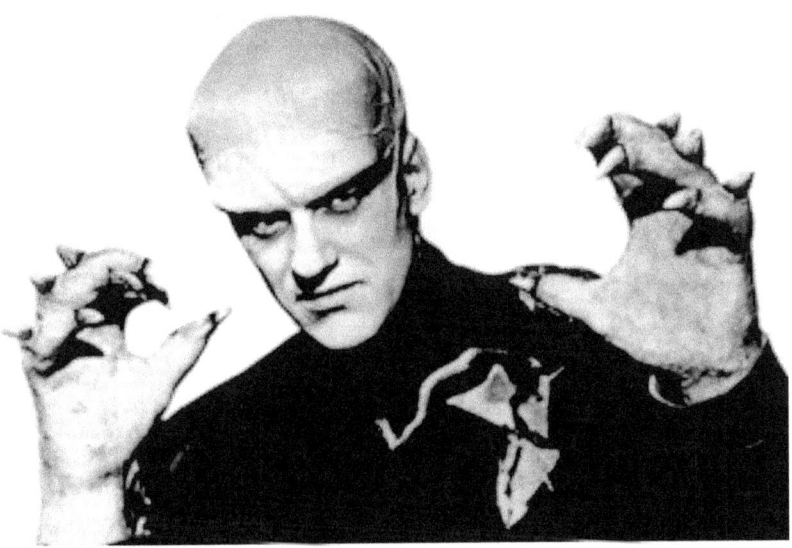

Innecesario decir, que la película es más interesante que los debates ocasionados, y que tanto la regeneración del hombreplanta, una y otra vez, su papel como depredador acosado, y el ambiente claustrofóbico del refugio, apenas si han conseguido ser superados en la posterior versión de Carpenter. Aunque el Dr. Carrington se nos muestra como un intransigente científico, lo cierto es que posee una gran compasión por la criatura, a quien no considera un invasor, sino un ser superior con quien debe mantener una larga conversación. El problema es que la cosa no tiene emociones similares y que realmente está harto de ser acosado, por lo que se torna más violento y hace uso de su alto sentido de supervivencia. Con sus efectos especiales modestos, el blanco y negro, y los pocos intérpretes que intervienen, esta novela de suspense de 1951 sigue siendo un modelo para el cine de terror y la ciencia-ficción. La fórmula para acertar se ha empleado en numerosas ocasiones: una buen elaborada producción, los actores sobrios y comedidos para no quitar importancia a la historia misma, y el ambiente claustrofóbico intenso. Recursos todos que han sido copiados por filmes tan populares como "Alien".

Una vez que el extraterrestre sale de su prisión helada, la acción y el miedo ya no tienen pausa, aunque para los espectadores modernos la palabra miedo les parezca demasiado. La parte sentimental está casi fuera de lugar, aunque los escarceos amorosos con la única protagonista son casi una necesidad hasta que la criatura del espacio vuelva a realizar una matanza.

INVASORES DE MARTE
Invaders from mars (1953)

Director: William Cameron
Efectos especiales: Jack Cosgrove
Guión: Richard Blake

Intérpretes:
JIMMY HUT: David MacLean
LEIF ERICKSON: El padre
HILLARY BOOKE: Mary
HELENA CARTER: Pat

Nuestro pequeño David tiene insomnio y por eso se asoma a la ventana por las noches, justo cuando algo cae del cielo hasta una colina cercana. Cuando se acerca y mira las luces verdes su padre se enfada con él, pero el niño se da cuenta que su progenitor ha quedado poseído por una fuerza extraña que le obliga a ser desagradable. Su padre se vuelve gruñón, agresivo y por eso

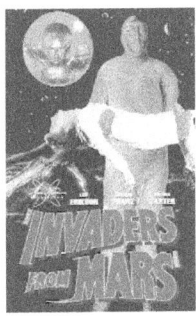 David tiene que acudir al sheriff, otro humano que está ya bajo el poder mental de los extraterrestres. Menos mal que en su intento porque alguien le crea encuentra a una guapa doctora y después a un astrónomo, y entre todos empiezan a descubrir la invasión marciana. Aparentemente son iguales a nosotros, pero un extraño agujero detrás del cuello les delata.

Esta película extraordinaria fue considerada por el director como su preferida, y de su original fueron realizadas diversas versiones, añadiendo o quitando metraje, una de ellas en 3D. El remake de la Cannon, 30 años después, nos hizo recordarla aún con más agrado.

La paranoia de la guerra fría en la época del senador McCarthy ya ha sido reflejada en el cine en otras ocasiones, y en esta ocasión nos hablan de la procedencia marciana de los extraterrestres, pues ya sabemos que anteriormente el planeta Marte poseía canales, era de un color rojo guerrero, y sus habitantes nos miraban siempre con envidia por nuestros océanos y, seguramente, nuestras bellas mujeres. Filmada en color (anteriormente la ciencia-ficción no merecía este detalle), el argumento entra dentro de su tiempo, con un chiquillo americano representando adecuadamente a los chicos de la posguerra, un padre rígido pero trabajador, y una madre tan dedicada a sus labores que se olvidó utilizar el cerebro para pensar en otros menesteres.

Diseñada y dirigida por Guillermo Cameron Menzies (uno de los diseñadores más importantes de la edad de oro de Hollywood), esta pequeña novela de suspense y misteriosa se beneficia de su habilidad para combinar problemas sentimentales con efectos psicológicos de terror ante la amenaza extraterrestre.

27

LA GUERRA DE LOS MUNDOS
War of the Worlds (1953)

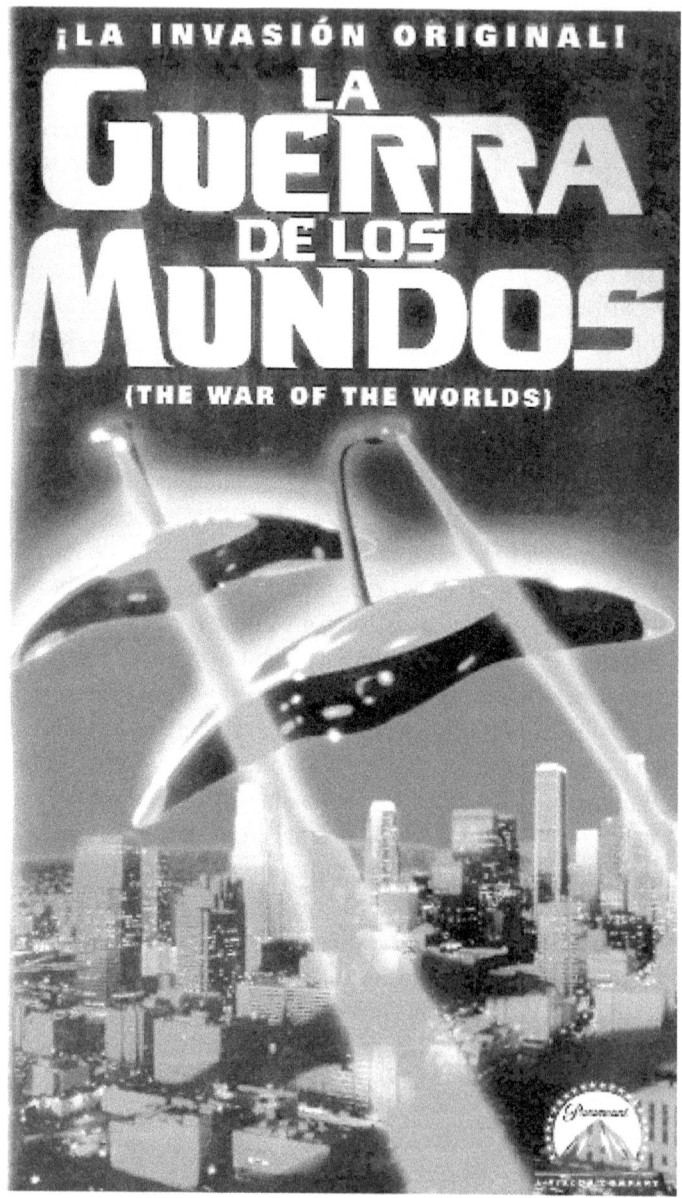

Productor: George Pal
Director: Byron Haskin
Efectos especiales: Gordon Jennings, Wallace Kelly,
Irwin Roberts
Maquetas: Marcel Delgado
Argumento: H. G. Wells

Interpretes:
GENE BARRY: profesor Clayton Forrester
ANN ROBINSON: Silvia Van Buren
LEWIS MARTIN: Pastor Matthew

La historia es sencilla y nos habla de un ataque perfectamente planeado por los habitantes de Marte, una raza que debe abandonar su planeta para lograr sobrevivir en otro lugar, escogiendo como el más idóneo a La Tierra. Dotados de una gran inteligencia y contando con poderosas naves indestructibles, llegan metódicamente a nuestro planeta y en poco tiempo destruyen las defensas de los tres ejércitos. Las mejores armas de los terrestres son ineficaces contra sus naves, protegidas por un escudo invisible, y en menos de seis días dejan al mundo entero al borde de la extinción. Afortunadamente, y cuando todo parecía perdido, los temibles marcianos mueren al respirar nuestro aire lleno de pequeñas e inofensivas bacterias para nosotros, pero letales para ellos.

Indudablemente los protagonistas principales son los efectos especiales, aunque ahora los veamos con benevolencia al percibir incluso los cables transparentes que sujetan las naves. Diseñados por el especialista Gordon Jennings, su labor principal estuvo centrada en crear las máquinas marcianas que deberían disponer de un trípode metálico para sostenerse en el aire, tal y como están descritas en la novela de Wells. Pero puesto que ello le daría un aspecto poco avanzado tecnológicamente, sustituyó estas patas por otras casi invisibles, pues se trataba ahora de una fuerza electromagnética. Las naves se desplazarían con lentitud, con majestuosidad, lo que permitiría mover los delgados cables sin problemas por el plató.

Otros efectos memorables son cuando asistimos a la destrucción en masa de las grandes ciudades, lográndose mediante la mezcla adecuada de pinturas en cristal, miniaturas, y transparencias en pantalla azul. Una de las maquetas, concretamente el ayuntamiento de Los Ángeles, fue explotada con dinamita para simular el efecto de un rayo marciano.

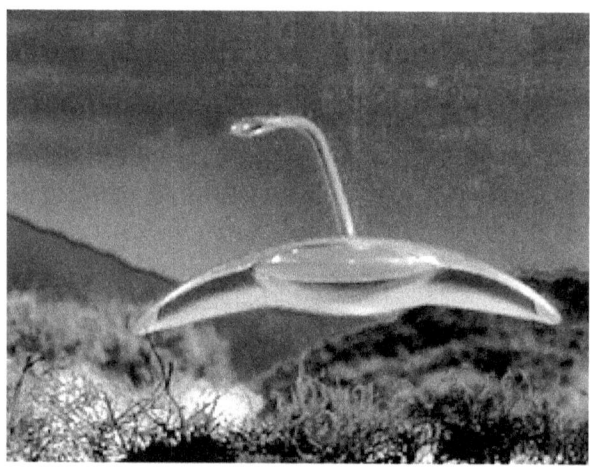

No menos importantes fueron los efectos sonoros, siendo el más peculiar el de los supuestos motores de las naves, así como el que generan sus rayos caloríficos, rojos y verdes. Para los rayos, en concreto, se utilizaron tres guitarras eléctricas, aunque la grabación se mostró hacia atrás, mientras que el grito del marciano herido fue realmente el de una mujer, aunque nuevamente reproducido hacia atrás.

Filmada con un presupuesto de 2 millones de dólares (de los cuales 1,3 millones se dedicaron a los efectos especiales), "La guerra de los mundos" fue un acontecimiento mundial, resistiendo perfectamente el paso del tiempo.

Tuvo un Oscar a los mejores efectos de sonido, y otro a los efectos especiales, aunque Jennings recibió su Oscar a título póstumo, pues murió durante el rodaje del filme. Años después hubo una continuación para la televisión titulada "La nueva guerra de los mundos" y el popular remake "ID4".

La película se rodó casi inmediatamente después del éxito de *Con destino a la Luna* de 1950 y *Cuando los mundos chocan* de 1951, bajo el control del productor George Pal, un visionario adicto a H. G. Wells. Aún hoy, encontramos que se trata de un trabajo de imaginación aterradora, con sus naves espaciales inspiradas en el pez manta y esa cobra metálica buscando elementos humanos para destruir con su rayo desintegrador candente. Cuando las formaciones de naves extraterrestres descargan todo su poderío destructor sobre todos los continentes, y el ejército se queda desvalido para detenerles, es cuando el espectador empieza a rezar porque eso nunca ocurra realmente. Gene Barry y Ann Robinson son los héroes ligeramente asexuados propios de la década de los 50, aunque les encontramos más razonables en sus actitudes que a muchos de las películas modernas.

Tal fue el impacto que el filme tuvo en su momento, que reconocidos artífices del cine de ciencia-ficción actual, como Steven Spielberg y Roland Emmerich, le rindieron homenajes en algunas de sus películas.

ESA ISLA, LA TIERRA
This Island, Earth (1955)

Director: Joseph Newman
Efectos especiales: Clifford Stine
Criaturas: Bud Westmore
Decorados: Russel A. Gausman, Julia Heron

Intérpretes:
JEFF MORROW: Exeter
FAITH DOMERGUEY: Ruth
EDDIE PARKER: El Mutante

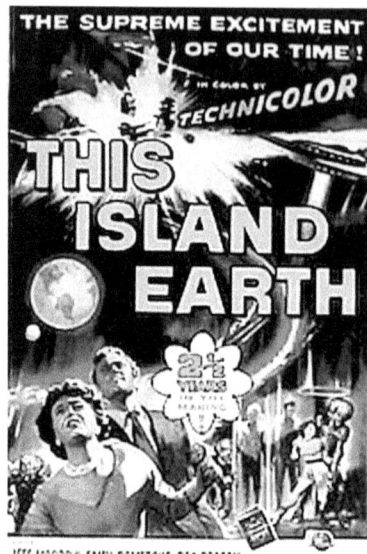

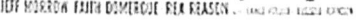

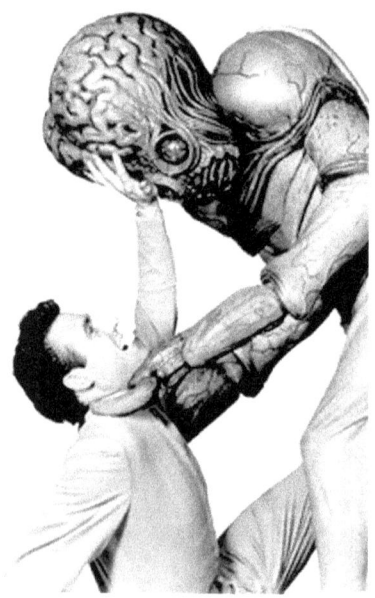

Realizada en Technicolor, narra la llegada a la Tierra de los habitantes del planeta Metaluna, dotados de un cerebro gigantesco, pero de constitución muy débil. Mediante el Interceptor, una máquina desarrollada para comunicarse con otros mundos, un sabio hace contacto con un nativo del planeta Metaluna, quien le invita a que se conozcan y colaboren en diversos proyectos. Por desgracia, este alienígena, de nombre Exeter, lo que en realidad pretende es robar uranio a los terrestres para así reforzar sus defensas contra los malvados Zahgons, un ejército que quiere apoderarse de Metaluna.

Basada en una loable y reconocida novela de Raymond F. Jones, el relato nos lleva una vez más a considerar a los extraterrestres como unos seres deseosos de quedarse con el precioso planeta Tierra. En esta ocasión, es una raza de alienígenas que por evolución han desarrollado una masa cerebral inmensa, malvada, pero con un cuerpo que cada vez está menos dotado para realizar labores físicas.

LA INVASIÓN DE LOS LADRONES DE CUERPOS
Invasion of the body snatchers (1956)

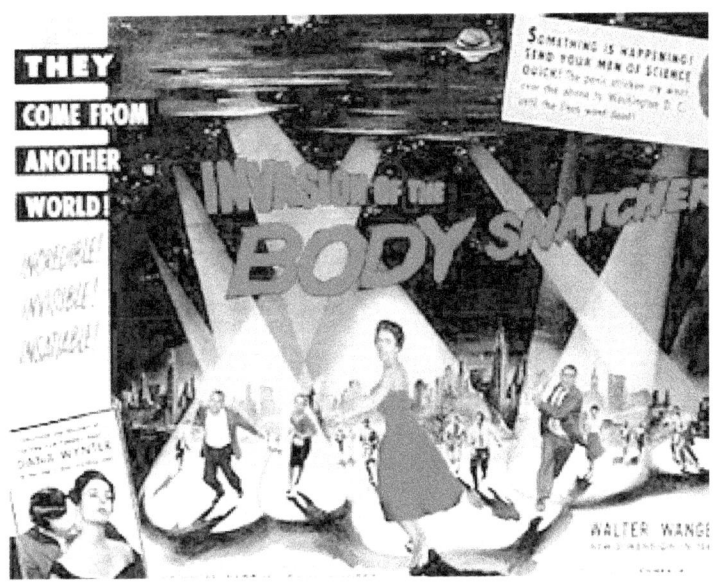

Director: Don Siegel
Efectos especiales: Milton Rice
Historia de: Jack Finney

Intérpretes:
DANA WYNTER: Becky Driscoll
CAROLYN JONES: Theodora Belichec
WHIT BISSELL: Dr Hill
KEVIN McCARTHY: Miles Bennell

Esta fue la primera vez en la cual vimos a esos ladrones de cuerpos procedentes del espacio, llegando lentamente en sus minúsculas naves y diseminando las semillas por todos los continentes. Para muchos aficionados es la mejor película de cien-

cia-ficción de los años cincuenta, aunque esta categoría es difícil
de alcanzar teniendo en cuenta que esa década fue la edad de oro
del cine fantástico. Don Siegel consiguió con esa combinación
de invasión espacial, cine negro y denuncia de la Guerra Fría, en
plena paranoia contra el comunismo, una crítica afilada y severa
que le ha colocado entre uno de los mejores directores de entonces.

No fue, sin embargo, muy bien acogida en su momento, ni
por supuesto consiguió entusiasmar a la juventud, pero esa invasión alienígena supuso el punto de partida para muchas películas
posteriores y provocó cierto rechazo de la población para comer
verduras con vaina.

La acción se desarrolla en Santa Mira, California, y narra la
duplicación de los seres humanos por extraterrestres en unas vainas vegetales. Hay quien piensa que fue realizada aprovechando
la locura anticomunista de Estados Unidos, la cual motivó, como
ya sabemos, la expulsión de grandes personalidades, entre ellas
Charles Chaplin. El argumento, por tanto, debía suponer una alu-
sión al problema político generado por McCarthy.

LA TIERRA CONTRA LOS PLATILLOS VOLANTES
Earth versus the flying saucers (1956)

Director: Fred Sears
Maquetas y efectos especiales: Ray Harryhausen
Basada en la novela de: Donald E. Keyhoe

Intérpretes:
HUGH MARLOWE: Russell A. Marvin
JOAN TAYLOR: Carol Marvin
DONALD CURTIS: Huglin

Se trata de unos filmes de ciencia-ficción más recordados de
Harryhausen en cuanto a efectos especiales se refiere, aunque la
dirección no esté a su altura. Recientemente remasterizada para

el mercado del DVD, la historia nos cuenta una invasión de platillos volantes similar a *La guerra de los mundos*, aunque tampoco el guión llega a ese nivel.

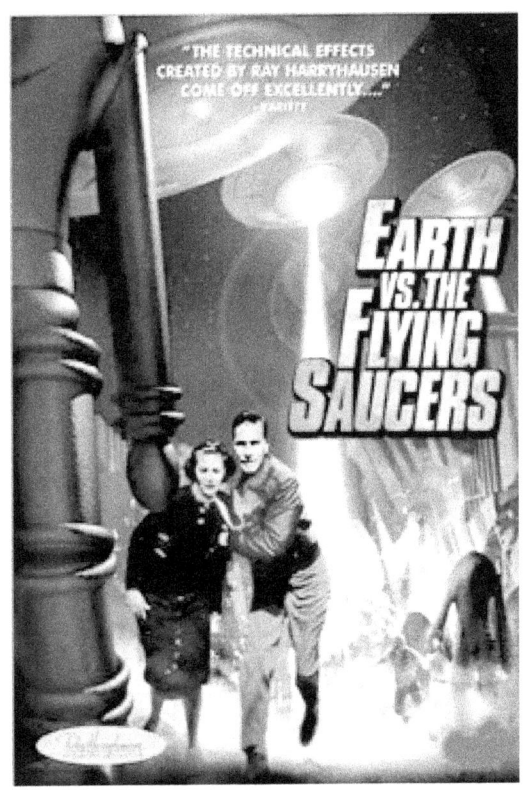

Los habitantes coriáceos de un planeta agonizante llegan hasta nosotros aparentemente de forma pacífica, pero son recibidos con tiros, lo que desencadena una respuesta contundente. Sus armas son poderosas y pronto anulan al ejército con sus rayos mortales, mientras una gran flota de nuevos platillos volantes llega a la Tierra. Todo parece acabado para los terrestres, hasta que el científico Marlowe descubre que son sensibles al sonido de alta frecuencia, comenzando entonces una rápida y espectacular destrucción de las naves extraterrestres. Tim Burton realizó posteriormente un memorable remake titulado *Marks attacks*, reproduciendo fielmente la destrucción de los edificios más emblemáticos de los Estados Unidos por los alienígenas.

Dirigida por Fred Sears, quien anteriormente había realizado algunas películas del western de serie B a lo largo de los años 40 y 50, y contando con la buena interpretación de Hugh Marlowe como el Dr. Russell Marvin, inician la historia en una base militar llamada Skyhook, un proyecto que involucra el lanzamiento una serie de satélites en órbita alrededor de la Tierra, con los cuales podrán controlar todo lo que llegue a nuestro planeta y las futuras expediciones en el espacio.

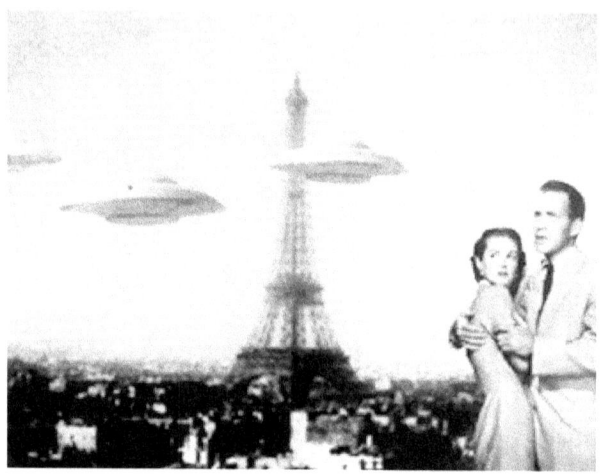

El momento cumbre es cuando llegan los platillos volantes con malévolos propósitos, y para que su rayo destructor fuera adecuado, se contó con el talento de Ray Harryhausen, quien tiró entonces la casa por la ventana en los efectos especiales para deslumbrar al público con la destrucción de edificios emblemáticos.

Una cosa que realmente me sorprendió sobre esta película es que la historia estaba bien escrita, inteligentemente escrita, y casi creíble. Habitualmente los guionistas, en su deseo de impresionar al público, incorporan elementos tan fantásticos que no hay quien se los crea, por lo que frecuentemente no nos tomamos en serio sus historias. Los efectos de Harryhausen en esta película, indudablemente no fueron su mejor obra, e incluso ahora hay que mirarlos con demasiada benevolencia, pero en su momento causaron el impacto deseado. Los extraterrestres, además, eran tan torpes y toscos, que hasta los niños adivinaban un actor metido en esos encorsetados trajes, pero todos estos defectos no impiden que reconozcamos los valores de la producción y los buenos diálogos. Después de este filme, Harryhausen puso a punto su sistema de efectos especiales denominado Dynamation que fue empleado a varias de sus películas.

THE BLOB
La masa (1958)
El terror no tiene forma (1988)

Director: Irwin S. Yeaworth Jr.
Efectos especiales: Barton Sloane.
Argumento: Irving H. Millgate

Intérpretes:
STEVE McQUEEN: Steve Andrews
ANETA CORSEAUT: Judy

La llegada a través de un meteoro de un protoplasma extraño, supuso el lanzamiento cinematográfico del entonces jovencísimo Steven McQueen. En el año 1972 se hizo una secuela ("Beware! The blob") pero que pasó desapercibida, y otra en 1988 (El terror no tiene forma) que, desdichadamente, tuvo la misma suerte.

Procedente del espacio, una especie vegetal llega a la Tierra y allí aumenta de tamaño gracias a todo lo que come. Invade así las cloacas, las cañerías del agua y pone su cuartel general en un cine con el propósito de comerse a todos los espectadores de golpe.

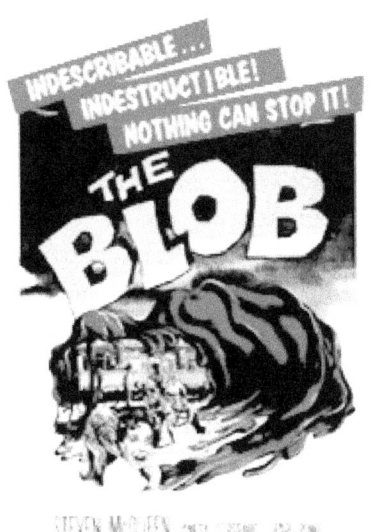

37

Con unos efectos especiales poco afortunados, obra de Barton Sloane, y unos diálogos que merecerían una reprimenda, solamente con una mente benevolente conseguimos visionar esta película cuando salió al mercado del vídeo. Recomendada solamente a los fans del extraordinario Steve McQueen, quien tampoco hizo su mejor interpretación al encarnar a Steve Andrews.

Sin embargo, el paso del tiempo y la venta en DVD nos obligan a revisar el filme con mayor detenimiento, e incluirlo en la lista de películas de ciencia-ficción notorias que se realizaron en la década de los 50, la época dorada.

El remake que vimos en 1988 indudablemente estaba mejor realizado y aunque los efectos especiales eran igualmente parcos, los resultados superaron a la anterior, a pesar de no contar ya con la presencia de McQueen, siendo sustituido por Shawnee Smith, no tan carismático pero sumamente correcto. Los sustos abundan aquí tanto como la sangre, con escenas llenas de suspense, algunas de terror y muchas con un desacertado sentido del humor.

La historia es similar y nos hablan de un cometa extraño que se estrella en la Tierra, en la pequeña ciudad de Arborville. Contiene un extraño pegamento, un gel, pero es la causa de que la gente de la ciudad comience a desaparecer sin dejar rastro, aunque inicialmente nadie lo relaciona, yendo las investigaciones hasta un joven delincuente. Pronto los testigos aseguran que la cosa que llegó del espacio es la responsable de las muertes, pues absorbe y derrite a las personas, haciéndose cada vez mayor, mientras que los científicos pierden un tiempo muy valioso investigando.

¿QUÉ SUCEDIÓ ENTONCES?
Quatermans and the pit (1967)
Hammer

Director: Roy Ward Baker

Intérpretes:
ANDREW KEIR: Quatermans
JAMES DONALD: Mathew Roney
BARBARA SHELLEY: Judd

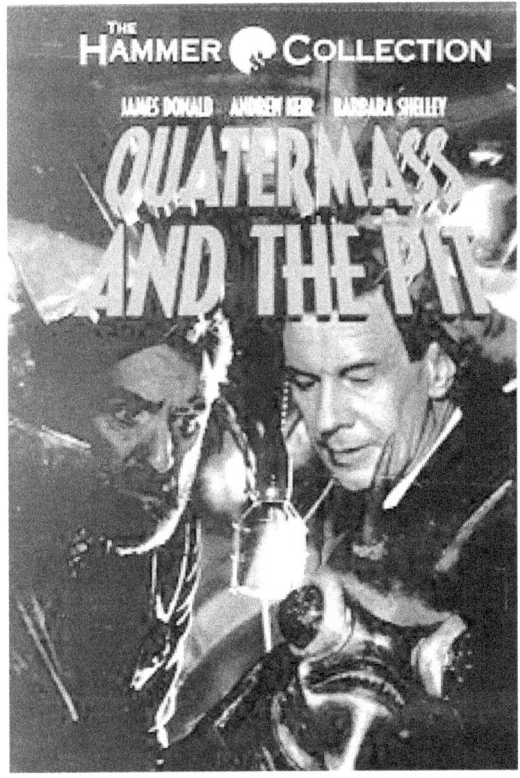

Aunque sin ningún parecido con las antiguas andanzas del profesor Quatermanss, esta bien llevada película nos transporta

39

ahora al metro londinense, en el cual se están haciendo unas excavaciones en el subsuelo. En ellas, los obreros descubren unos extraños artefactos que ponen en alerta a los científicos y a los militares, aunque por motivos diferentes. La creencia de que allí hay enterrada una civilización extraterrestre, la cual pretendía dominar al mundo mediante la hipnosis, toma cuerpo poco a poco y hasta el mismo profesor Quatermanss se ve influido por estos seres.

La situación pronto da un giro desde la fantasía al terror cuando un objeto metálico es descubierto, llevando a la creencia de que se trata de una gran bomba alemana de la pasada guerra mundial. El Profesor Bernard Quatermass, físico y científico experto en cohetes, junto con el coronel Breen y algunos militares, llegan para ocuparse de la situación, pero al excavar descubren un gran objeto que no pertenece a esa guerra. El metal les es desconocido y las diferentes tentativas para penetrar el casco resultan infructuosas, pues el objeto está elaborado de un material imposible de perforar. Durante las investigaciones, encuentran un compartimiento secreto que revela la presencia de ciertos habitantes en forma de insecto, seguramente procedentes del espacio exterior. El profesor Quatermass desarrolla algunas teorías interesantes sobre la posibilidad de una intervención extraterrestre en el desarrollo de los seres humanos y el riesgo de que esa especie pueda volver a influir en la Tierra.

Esta historia es la tercera en la serie de Quatermass, comenzando con el "Quatermass Xperiment" (1955), y seguida por "Quatermass 2" (1957), escritas todas por Nigel Kneale, y suponen ciertamente uno de los mejores filmes de la productora Hammer londinense. Para muchos, esta es una joya en el cine de ciencia-ficción, pues juega tanto con el pasado, como con el presente y futuro, todo en una historia rica en contenido, revelando poco a poco la trama, pero dejando algunas incógnitas para cuando el espectador se vaya a su casa. La posibilidad de que todo cuanto sabemos sobre la evolución y el desarrollo de la Humanidad sean solamente teorías falsas, se muestra insinuante en esta historia inteligente y bien desarrollada, con un adecuado clímax lleno de emociones.

Pensada inicialmente para la televisión, fue mostrada posteriormente en la pantalla grande, no perdiendo su calidad fotográfica.

2001: UNA ODISEA DEL ESPACIO
2001: A space odyssey (1968)

Director: Stanley Kubrick
Efectos especiales: Kubrick, Wally Veevers y
Tom Howard
Música: Richard y Johann Strauss
Argumento: Arthur C. Clark

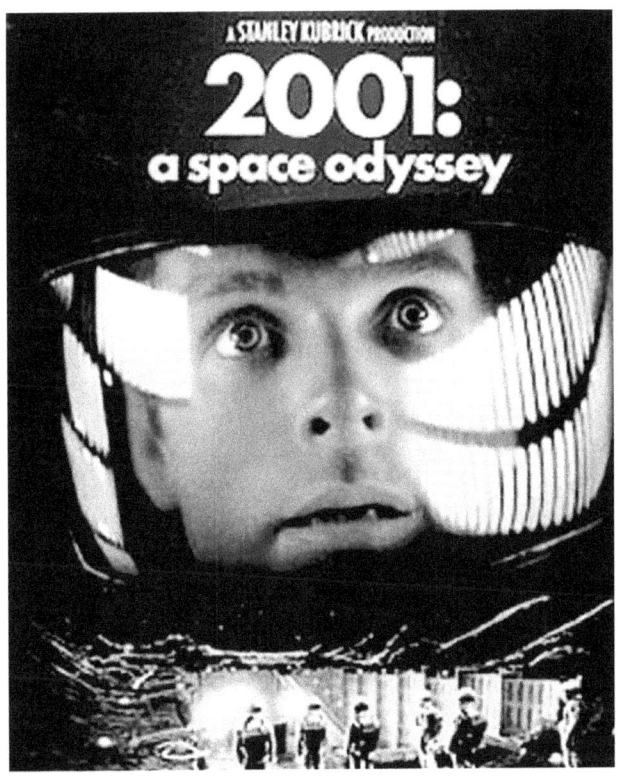

Intérpretes:
KEIR DULLEA: David Bowman
DOUGLAS RAIN: Computadora Hall 9000
GARY LOCKWOOD: Frank Poole.

La película empieza con una escena en la cual una tribu de monos descubre lo positivo que es golpear a otros seres con un hueso, desarrollándose desde entonces el más contundente de los razonamientos. Al mismo tiempo, un monolito extraño aparece en la Tierra, comenzando ya a percibirse la presencia de algo poderoso que supera la imaginación humana. ¿Quién puso allí el monolito? Kubrick no lo contesta, pues deseaba que el espectador siguiera hablando de su película al salir del cine. Esta apertura cinematográfica nos sintetiza lo que después vamos a ver, siempre con los extraterrestres invisibles, pero omnipresentes, mostrándonos su grandeza. Después todo se mezcla con algo de miedo y mucho simbolismo, y con la habitual costumbre de Kubrick de realizar cada escena tan lentamente que supone una invitación a que el espectador reflexione. Como película, supuso una ruptura en su estreno, aunque después de tantos años no hay ni un solo aficionado que nos explique lo que Kubrick intentaba decirnos en su obra maestra. Posiblemente quisiera explicarnos que en el futuro el hombre sobrepasará las posibilidades de las máquinas que ha creado y esto le hará reflexionar convirtiéndole de nuevo en el niño que antes fue, pero un niño con experiencia.

La banda sonora, mezcla de lo clásico con lo moderno, es otro de los aciertos, mezclándose adecuadamente con las imágenes espaciales.

Basada en una obra de Arthur C. Clark, esta épica epopeya de la conquista del espacio nos insiste en la presencia nunca definida de extraterrestres. Con un argumento polémico, agudizado por el final, y una puesta en escena absolutamente perfecta, la película fue un rotundo éxito a lo que contribuyó también el que se estrenara en Cinerama. La historia corta de Arthur C. Clark fue primero una novela, y posteriormente convertida en un guión por la MGM con un presupuesto de 6 millones de dólares, cifra que aumentó poco a poco y que causó el pánico entre los economistas del estudio. Pero no contaban con la visión de Kubrick, pues después de un costo de sólo 10,5 millones de dólares, recaudó en su estreno en Estados Unidos casi 15 millones.

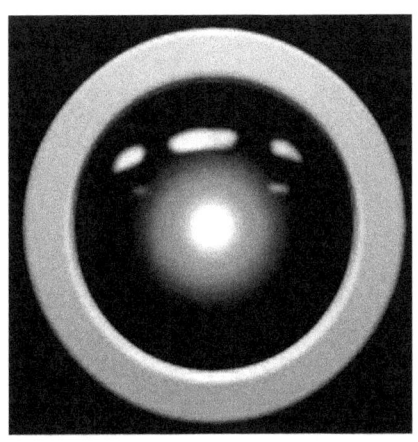

Pero aunque como espectáculo para los ojos es excelente, como narración se queda en la oscuridad y su excesiva lentitud (algo habitual en Kubrick), así como lo poco clarificante del argumento, ocasionó no pocas decepciones. Kubrick estaba encantado por la confusión que su película causaba y decía que dejó unas cuantas preguntas deliberadamente sin contestar porque quería ofender la curiosidad del público. Aunque algunos críticos dijeron que eso era propio de un genio del cine, y que había creado un nuevo idioma, personalmente creo que un poco más de claridad y menos metraje, habrían ayudado al espectador.

Críticas aparte, hay que reconocer que el universo de Kubrick, y las naves espaciales que diseñó para explorarlo, simplemente son una obra maestra, plagiada infinidad de veces. Las naves son máquinas perfectas, impersonales, que viajan de un planeta a otro, y que parecen no formar parte de las personas que hay en su interior, hasta que demuestran que también están allí, como algo intenso. En ese momento el ser humano se empequeñece y sus emociones no superan al de las máquinas, especialmente a ese ordenador de nombre Hall 9000, tan frío y tan maquiavélico a la vez, que ha sido programado para eliminar a los humanos si las circunstancias así lo requieren.

El remake "2010 Odisea dos" de 1984, dirigido por Peter Hyams, quien también elaboró el guión y se encargó de la producción y la fotografía, apenas consiguió traspasar la frontera del tedio.

ENCUENTROS EN LA TERCERA FASE
Close encounters of the third Kind (1977)

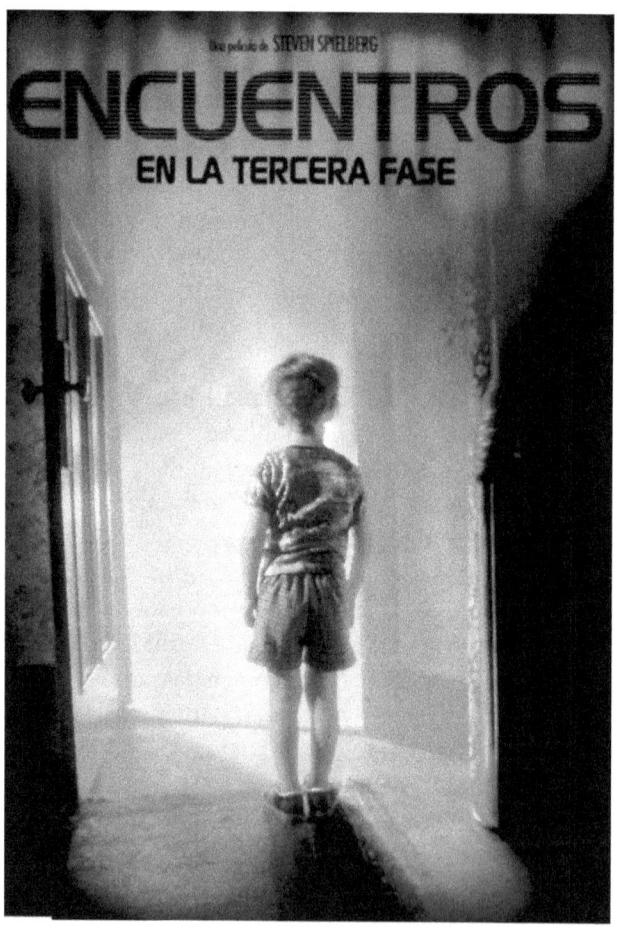

Director: Steven Spielberg
Efectos especiales: Douglas Trumball
Maquetas: Gregory Jein
Criaturas: Carlo Rambaldi

Intérpretes:
RICHARD DREYFUSS: Roy Neary
TERI GARR: Ronnie
FRANÇOISE TRUFFAUT: Claude Lacombe.

Cuando los extraterrestres deciden comunicarse directamente con los habitantes de la Tierra, envían mensajes telepáticos a diversas personas para que se reúnan con ellos. Estas señales no son entendidas en un principio, pero poco a poco los más audaces logran llegar hasta el punto de encuentro. Allí les esperan también los militares con sus máquinas y luces, puesto que también saben de ese próximo contacto.

La película nos habla de Roy Neary (Richard Dreyfuss), quien tiene una visión que se repite y que describe la Torre del Diablo en Wyoming, un lugar al cual debe acudir cuanto antes, a pesar de que ello le suponga arruinar su matrimonio con Ronnie (Teri Garr). La Torre del Diablo es el lugar elegido por los extraterrestres para comunicarse con los humanos, y él parece ser una pieza clave.

La EDICIÓN ESPECIAL afianzó el éxito, aunque existían dudas sobre lo que iba a mostrarnos de nuevo. Los últimos minutos, cuando el protagonista es invitado en viajar con ellos a otros mundos, posee un lirismo especial, pues el espectador se pregunta qué habrá realmente dentro de la nave. Estas asombrosas escenas están llenas de luz, ligeramente desenfocadas, y apenas dejan entrever la maquinaria tan asombrosa que les permite viajar por el espacio.

Los alienígenas son como los Greys habituales y los datos sobre encuentros parecen proceder de contactos reales. También aparecen varios artefactos y personas perdidas en el triángulo de las Bermudas, así como un buque dado por perdido en la II

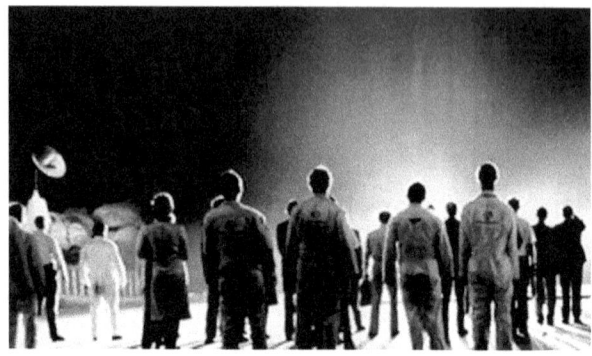

Guerra Mundial. Todos estos datos logran que, desde entonces, nunca se haya conseguido realizar otra película sobre contactos con extraterrestres tan seria y bien realizada. Con seguridad, el extraordinario éxito de Spielberg se ha logrado esencialmente gracias a su interés en mostrar al espectador el lado real de los OVNIS, aunque para ello contó con el asesoramiento de auténticos expertos en el tema y de personas que habían tenido contactos con extraterrestres.

De todas las películas de UFOs (OVNIS) realizadas, ésta es la más edificante moralmente y una maravilla de los efectos especiales, con unas naves espaciales diestramente diseñadas, lo mismo que las secuencias de las formaciones de nubes raras, vientos y relámpagos. Ahora se aparta totalmente de la idea de unos alienígenas agresivos y con afán de conquista, y nos muestran la cara divina y las buenas intenciones de unos seres que poseen más inteligencia y desarrollo que nosotros. En lugar del fatalismo, nos llega el optimismo y con ello el deseo de realizar verdaderamente los contactos en la tercera fase. Aunque ahora la consideremos carente del dinamismo necesario, los cierto es que se trata de un filme espeluznante, especialmente por los efectos especiales y la gran cantidad de escenas rodadas de noche durante las cuales se muestra una iluminación fantástica.

Gracias a este filme es difícil no ser admirador del Spielberg de los primeros años, mucho antes de "El color púrpura" o

"Salvar al soldado Ryan". Reconocido como el nuevo Rey Midas de Hollywood, y aunque ahora los patinazos hayan sido diversos y frecuentes, su maestría queda patente en películas como esta.

Se recaudaron 74 millones de dólares en su estreno, más otros 6 que recaudó en 1980 cuando insertó nuevas escenas y exhibió la versión extendida.

LA INVASIÓN DE LOS ULTRACUERPOS
The invasion of the body snatchers (1978)

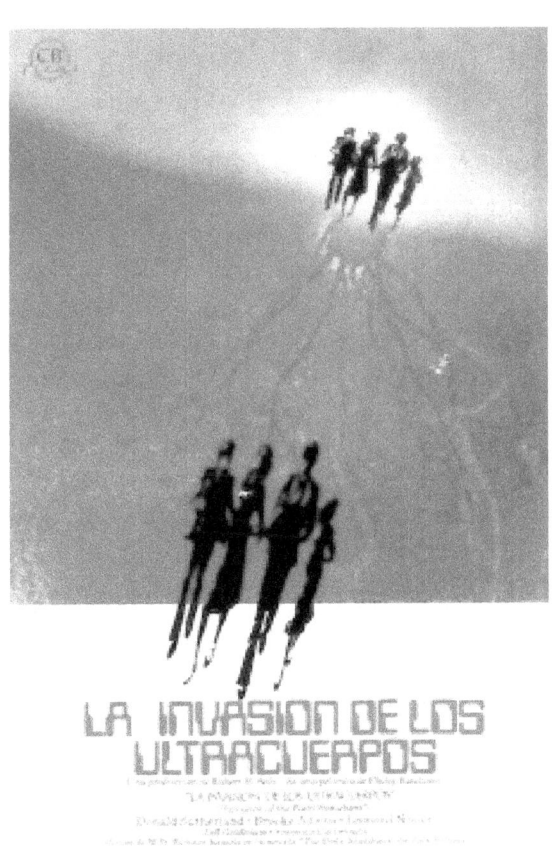

Director: Philip Kaufman

Intérpretes:
DONALD SUTHERLAND: Matthew Bennell
LEONARD NIMOY: David Kibner
BROOKE ADAMS: Elizabeth Driscoll
JEFF GOLDBLUM: Jack Bellicec

Los extraterrestres llegan de forma silenciosa mediante semillas que luego se transformarán en vainas y que absorberán a los humanos. Cuando las formas duplicadas son un hecho ya nadie está a salvo, pues es difícil saber quién es el verdadero y el clon. Poco a poco, la persecución hacia los pocos humanos que aún no han sido absorbidos se generaliza, y nadie les puede otorgar ayuda. Su soledad es tanta como su miedo y su desesperación, ya que los invasores se están adueñando del planeta.

Un remake de la exitosa película de los 50 titulada *La invasión de los ladrones de cuerpos*, a la que incluso llega a superar, lo que parecía difícil. La sensación de angustia es más continuada que la anterior y los protagonistas realizan un trabajo extraordinario. Un soberbio color, algo de erotismo, y muchas más escenas de terror, así como un final aterrador y rápido, contribuyen a lograr tan buenos resultados.

Basada en la novela de Finney, tuvo tres adaptaciones para la gran pantalla, comenzando en 1956, después en 1978, y finalmente en 1994, la más desestimada de todas. Kaufman dirige con estilo el inteligente guión de W.D. Richter, poniendo a los protagonistas al frente de una escuálida resistencia terrestre ante el invasor, tan poco eficaz que casi todos ellos acaban siendo engullidos. La atmósfera de terror, el suspense y la indiferencia del resto de los habitantes de San Francisco ante la invasión, nos llevan a desear intensamente un final feliz, pero el guionista opinaba de otro modo. La invasión extranjera se revela gradualmente, hasta que nadie puede confiar en quien parece ser.

La interpretación cuenta con tres actores soberbios, Sutherland, Nimoy y Goldblum, quienes transmiten perfectamente la angustia que sienten al conocer la invasión extraterrestre de la cual nadie más es consciente, aunque los tres portan con demasiada frecuencia una sonrisa burlona, quizá para quitarle terror a la historia.

LA AMENAZA DE ANDRÓMEDA
The Andromeda Strain (1971)

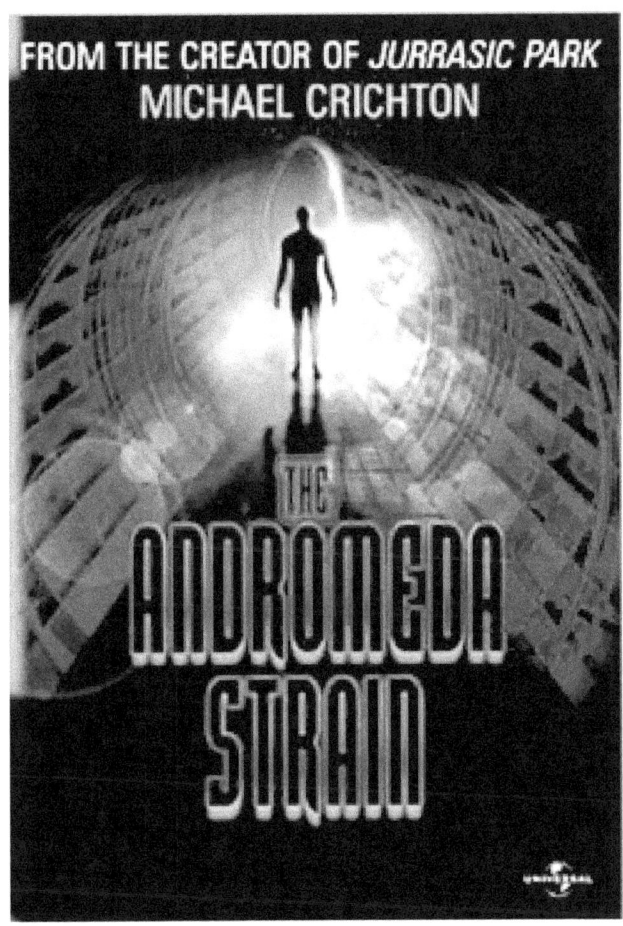

Director: Robert Wise
Basada en la novela de: Michael Crichton
Efectos especiales: Boris Leven

Intérpretes:
DAVID WAYNE: Dr. Charles Dutton
ARTHUR HILL: Dr Jerem Stone
KATE REID: Ruth

Este argumento, sacado de un hecho verídico, nos habla de un virus traído a La Tierra por un satélite americano que aterriza en Nuevo México, donde siembra el terror entre la población.

Aunque inicialmente la película podría haber sido similar a otras muchas de serie B, Robert Wise convirtió esta novela de Michael Crichton en una buena película. Con un tono fanáticamente documental y realista, no obstante, eliminó algunos de los problemas dramáticos de la historia original y ocasionó más ansiedad en el espectador, pero en ningún modo desacertadamente.

Hasta ese momento había sido la novela más vendida de Michael Crichton, pretendiéndose que fuera adaptada fielmente para el cine, lo que parece un acierto cuando nos cuentan cómo un equipo de científicos debe intentar desesperadamente y contra reloj, destruir un virus extraterrestre mortal que amenaza con eliminar toda vida orgánica en la Tierra. Como de costumbre en cualquier película basada en una novela de Crichton, el énfasis está en el choque emocional entre la naturaleza y la ciencia, comenzando cuando los virólogos descubren el virus procedente del espacio en una ciudad minúscula llena de cadáveres. Conscientes de la contaminación que se avecina, los científicos aíslan el virus en un laboratorio subterráneo de alta tecnología, preparado para su destrucción nuclear si el virus no es controlado con éxito. La película pasa mucho tiempo haciéndonos ver los procedimientos científicos de la investigación, y las tensiones que deben soportar esos hombres que trabajan en condiciones claustrofóbicas.

Indudablemente la historia es fascinante, posee el adecuado suspense, y mantiene la tensión hasta el final sobre la posibilidad de eliminar la amenaza mortal del virus. Además, la vida de los habitantes de ese pequeño pueblo también nos interesa, lo que añade un elemento más a la tensión.

Estrenada poco después de *2001: una odisea del espacio* (1968), *La amenaza de Andrómeda* fue una de las pocas películas de ciencia-ficción que se estrenó en esos años posteriores, carente totalmente de efectos especiales y rodada en un ambiente sin concesiones al espacio exterior. Consciente Robert Wise *(Ultimátum a la Tierra)* de las limitaciones presupuestarias, buscó afanosamente realizar una película en la cual estuvieran mezclados una historia de detectives científica, una historia de suspense, y un fondo de ciencia-ficción sin efectos especiales. El microorganismo extraterrestre no es visible, solamente sus efectos, pero es tan destructivo como si fuera todo un ejército llegado en naves espaciales. Por ello, quienes esperen ver en este clásico algo semejante a otras películas posteriores se sentirá defraudado, pero seguro que disfrutarán con tanta imaginación y creatividad.

ALIEN
Alien (1979)
Aliens: el regreso (1986)
Alien 3 (1992)
Alien 4: Resurrección (1997)
Alien vs. Predator (2004)

Productor: Gordon Carroll, David Giler, Walter Hill
Director: Ridley Scott
Guión: Dan O'Bannon
Fotografía: Derek Vanlint
Música:Jerry Goldsmith
Efectos especiales: Carlo Rambaldi, Bernard Lodge
Criatura: John Mollo, H.R. Giger, Roger Dicken

Intérpretes:
TOM SKERRITT: Dallas
SIGOURNEY WEAVER: Ripley
VERONICA CARTWRIGHT: Lambert
HARRY DEAN STANTON: Brett
JOHN HURT: Kane
IAN HOLM: Ash

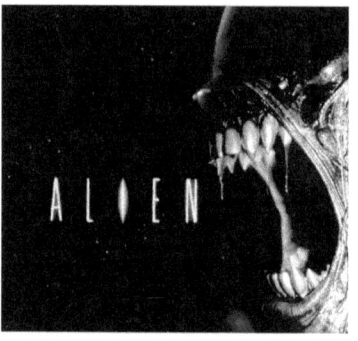

Dentro de las cinco películas que se han realizado mostrando a esta espantosa criatura inteligente, todavía queda como líder la primera entrega, la más sencilla, la menos aparatosa, la más tenebrosa, y la única que consiguió que tuviéramos miedo de acostarnos esa misma noche.

En 1975 un grupo de personas amantes del cine de ciencia-ficción, entre ellos Dan O'Bannon y Ronald Shusett, elaboraron las bases maestras de un argumento para el cine titulado "Memory", basado en una aventura centrada en la Alemania nazi, aunque fue cambiado pronto por "Star Beast" y debía desarrollarse ahora en el espacio y en una época futura. Era la época en la cual *La guerra de las galaxias* había arrollado pujante en el cine y se preparaba una nueva edad de oro para el cine de ciencia-ficción. La película trataría de seguir la línea marcada en *El enigma de otro mundo*, en la versión de 1951 de Howard Hawks, aunque era necesario dotarla de un mayor suspense y terror, algo en línea con la literatura Lovecraft.

El extraterrestre debería ser, por supuesto, aterrador, silencioso y apenas visible, con lo cual el espectador podría imaginarse el terror a su modo, como en un sueño. Los primeros dibujos hablaban de un pulpo extraño, mezcla de cocodrilo, pero se pensó que tenía que ser único, nunca visto. Para ello se recurrió al suizo Hans Rudi Giger, un creador de dibujos irreales y tenebrosos, quien también manejaba con acierto las maquetas por su profesión de decorador. Y así crearon al monstruo empleando huesos humanos, piel de reptil y empapado de una sustancia viscosa que lo haría aún más aterrador. Por supuesto, apenas se dejaría ver.

Dentro de la estructura del monstruo, elaborada a partir de caucho y fibra de vidrio, había un hombre de más de dos metros de altura que debía moverse con cierta soltura, pero de quien desconocemos su nombre y su destino posterior. La enorme cabeza de los primeros planos era mecánica y podía mover lentamente la boca y hasta expulsar babas.

Una vez finalizada la película, era algo más larga que la que se exhibió, suprimiéndose ciertas escenas aún más escabrosas si cabe. Por ejemplo, desapareció una secuencia en la cual Brett muere de manera sumamente sangrienta, y otra con Skerrit metido en un recipiente de vidrio y que Ripley debería achicharrar para que dejara de sufrir. En la escena final, cuando Ripley consigue escapar y librarse definitivamente del alien, la cámara mostraba un huevo adherido en la parte externa de la nave, dejando a entender que una segunda parte era posible. Todo esto, afortunadamente, se ha podido rescatar en la edición en DVD para coleccionistas.

Después llegaron otras secuelas, como *"Aliens, el regreso"*, igualmente soberbia, pero que nos hizo salir del cine con un nudo en el estómago, tanto por la dureza de las imágenes como por el desenlace final, algo que ya sentimos en la primera. La historia comienza cincuenta y siete de años después de la anterior, con la teniente Repley como única superviviente de la primera expedición, y que es encontrada en estado de hibernación por una nave de salvamento.

La película nos da una estructuración simplemente suficiente para establecer los personajes y explicar la situación. Entonces la

acción comienza y ya
no para en todo el
filme. La colonia ha
sido, por supuesto,
inundada por los aliens,
y todos han sucumbido
a excepción de una
temerosa niña (Carrie
Henn) quien ha sobre-
vivido de algún modo
ocultándose en los con-
ductos de aire. Los
marines exploran la
base a pie, algo suma-
mente estúpido, si tene-
mos en cuenta la gran
velocidad con la que se
mueven y atacan los

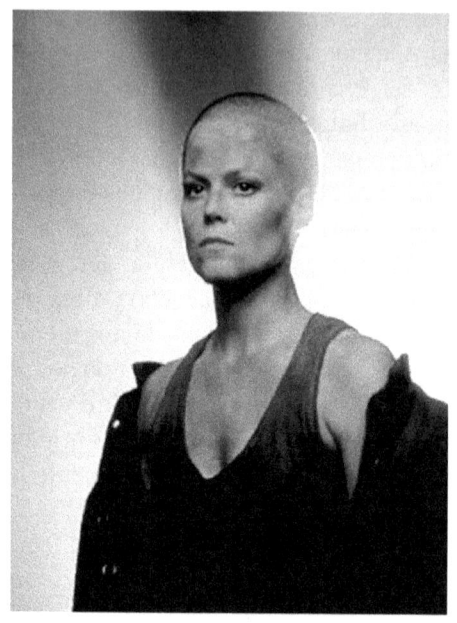

aliens. Nadie parece muy interesado en escuchar las advertencias
de Ripley, y eso que es la única persona en toda la tripulación
que los ha visto y sabe cómo atacan. En ese momento de la película se establece una guerra entre la estupidez de los soldados y
la sensatez de Ripley, deseando el espectador que la escuchen de
una vez y se dediquen a matar monstruos. Los monstruos, por
razones que nadie nos explican, son tan inteligentes que saben
abrir todas las puertas, bien sea a golpes o tocando los botones,
y por algún motivo desconocido aún recuerdan a la teniente
Ripley de la otra película. Cuando la tienen delante, en lugar de
comérsela (algo que a más de uno nos gustaría hacer), la miran
y le dan tiempo a que se escape. Menos mal, porque gracias a eso
tuvimos una tercera película.

Y así llegamos en 1992 hasta *Alien 3*, un filme que tuvo cuatro años de gestación, dos de rodaje, un presupuesto de más de
cinco mil millones de pesetas y un hermetismo total sobre el
final de la película (en realidad tuvo tres finales); todo para un

resultado muy pobre. Su director, David Finsher, había trabajado en la IL&M de George Lucas y aún hoy nadie se explica que hacía aquí, dirigiendo la tercera entrega de una de las mejores películas de ciencia-ficción de todos los tiempos. El guión, apenas acabado dos semanas antes, se reformó varias veces y originó que muchas y costosas escenas se tuvieran que tirar al cubo de la basura y aumentar el presupuesto inicial sensiblemente. Rodada en los populares estudios londinenses de Pinewood, obligó a reproducir unos altos hornos en el plató 007, uno de los mayores del mundo.

La película tiene lugar enteramente sobre el mundo opaco de la prisión de Fiorina 161, una fortaleza exclusivamente para varones, tanto en sus dirigentes como en los individuos convictos. Es un mundo que camina lentamente hacia su desmoronamiento, algo que no importa a nadie. Anteriormente era una fortaleza minera moderna, pero ahora todo el mundo intenta fugarse y nadie trabaja, por lo que los presos deben supervisar sus propios castigos. Ripley (Sigourney Weaver) llega a este mundo en una nave interestelar, después de que su nave espacial se haya estropeado. Ella cree que las criaturas alienígenas (que tienen ese corrosivo ácido como respuesta a la agresión), destruirán toda la sociedad humana si consiguen escapar de esa fortaleza. Sabe que la Corporación quiere que estas criaturas fomenten una colonia biológica controlada por los humanos, algo totalmente inverosímil, y que si ella no los destruye se escaparán e invadirán La Tierra.

Indudablemente la trilogía no podía acabar así, pues el mal sabor de boca estaba a punto de destrozar uno de los grandes mitos del cine de terror. Por eso los productores decidieron que había que rescatar de nuevo al alien, y ahora hacerlo proliferar tanto como las cucarachas en una cocina. En 1997 llegó esta nueva entrega, *Alien: resurrección,* bajo las órdenes del director Jean-Pierre Jeunet, de quien solamente recordamos "Delicatessen", por lo que nos temíamos que esta historia le venía grande. Nuestros temores se fueron confirmando poco a poco, al darnos cuenta que el suspense original ya no existía, y ni siquiera la acción desenfrenada de la segunda entrega de James Cameron. ¿Qué nos queda? De aquella Ripley que gritaba y luchaba, que sangraba y se sacrificaba para evitar al mundo el horror que ella albergaba, no hay nada, y en su lugar nos dan un personaje totalmente nuevo: cínico, sarcástico, y con un puño que es capaz de destrozar a cualquier persona que se cruce en su trayectoria; y además, sabiendo encestar canastas.

Y finalmente, aunque habrá más, una espectacular *Alien vs. Predator*, la primera sin Ripley como caza monstruos, lo que deja a los humanos muy desvalidos, pues ahora nos dan dos monstruos por el precio de uno, pero no disponemos de mejores medios bélicos para destruirles.

Cómo se hizo

La primera película estaba inspirada en los filmes: "El terror del más allá" (1958) de Edward L. Cahn y "Terror en el espacio" (1965) de Mario Bava, aunque para muchos la auténtica referencia es *El enigma de otro mundo*, con los habitantes inmersos en un lugar claustrofóbico, dentro del cual el monstruo se mueve a sus anchas. El título inicial era significativo, "Star Beast", pero al principio ninguna productora quería encargarse de la realización de este film por su alto nivel de violencia.

La nave espacial iba a llamarse "Leviathan", pero el productor David Giler la rebautizó "Nostromo", pero resulta curioso que la primera versión de la trama de Alien no se desarrollaba en el campo de la ciencia-ficción, sino en el del cine bélico. La historia nos hablaba de un comando alemán que abordaba una fortaleza volante norteamericana y atacaba a la tripulación, aunque también se habló de cambiar a los alemanes por pequeños monstruos. Una vez centrada la historia en el espacio, los astronautas descubrían el nido de aliens en una pirámide extraterrestre, pero razones presupuestarias obligaron a que fuera sencillamente una nave abandonada.

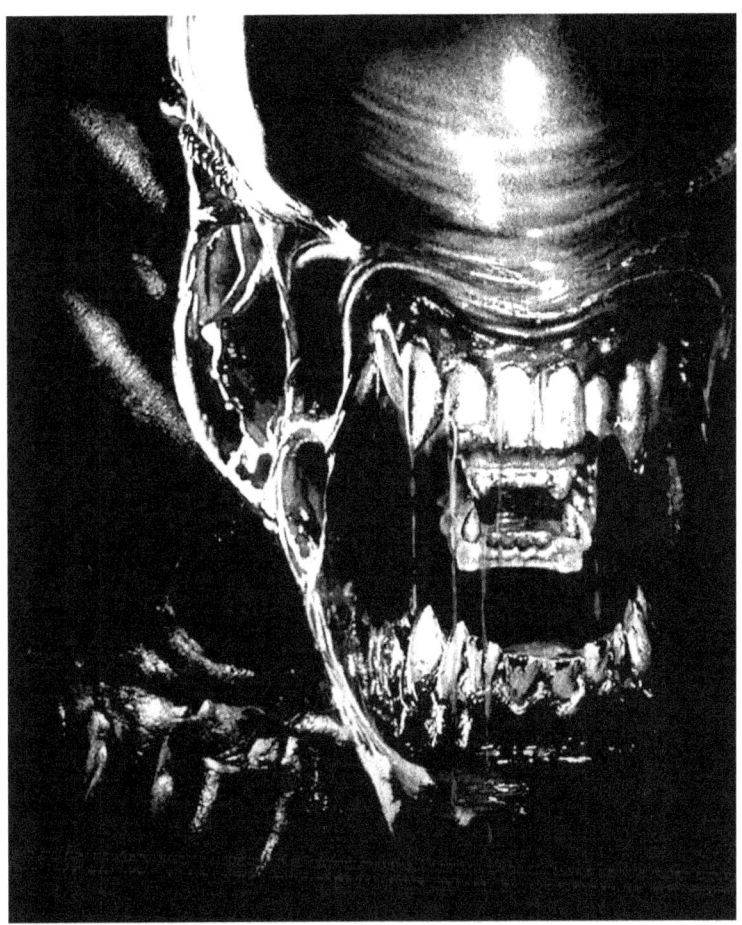

La historia, sin embargo, se parecía demasiado a "Discordia en escarlata" de A.E. Van Vogt que se había publicado en 1939, autor que denunció a la productora. Afortunadamente solamente se trataba de ciertas similitudes y el proyecto siguió adelante,

Otra modificación fue el personaje principal de Ripley, en principio pensado para un hombre, en concreto el actor Paul Newman, pero el escueto presupuesto obligó a buscar alguien desconocido, siendo la afortunada la principiante Sigourney Weaver, coincidiendo con el cambio de Walter Hill como director, por el de Ridley Scott.

Estas modificaciones estaban ya ocasionando más gastos de los que la productora estaba dispuesta a asumir, así que el rodaje comenzó sin que estuviera completado el guión. Una prueba de esta improvisación fue la escena en la que el alienígena sale abruptamente del pecho de John Hurt, ya que ninguno de los otros actores sabían lo que iba a suceder. El efecto sorpresa que vemos en la pantalla fue, pues, casi real, incluso la sangre artificial que salpicó a Veronica Cartwright. Esta escena ocasionó un nuevo cambio, ya que esa actriz se asustó tanto que Scott le quitó la mayor parte del protagonismo, delegando el papel de heroína en Weaver, más templada en las escenas de terror. Sin embargo, el romance que debía mantener la principal protagonista con Dallas fue suprimido, más que nada por la diferencia de estatura. Afortunadamente la muerte cinematográfica de Veronica Cartwright fue suavizada y casi no se percibe, eliminándose su erótica muerte, con la cola del Alien entrando en su vagina.

Respecto a la criatura, inicialmente tenía ojos en estado adulto y el bebé incluso poseía brazos, tal y como se ve en las secuelas, pero en ese momento se pensó que al humanizarlos les hacía menos tenebrosos. El alien definitivo creado por Giger estaba fabricado con plástico, caucho y varios esqueletos, incluidos fragmentos de calaveras humanas y un cráneo de rinoceronte. Los diseños de Giger para el monstruo fueron cambiados en varias ocasiones porque se consideraban demasiado explícitos desde el punto de vista sexual, conservándose el hecho de que el alienígena depositara sus huevos en el estómago de sus víctimas, convirtiéndole en su huésped, algo similar a lo que hace una especie de avispa cazadora de arañas, depositando sus huevos en las víctimas para que sirvan como alojamiento y posterior alimento de sus crías.

En total se emplearon tres aliens durante el rodaje. Uno de ellos era una maqueta; el segundo se trataba del actor Bolajo Bolaji, un miembro de la tribu de los Masai (que se distingue por la elevada estatura de sus componentes), quien se embutía el traje, aunque para las escenas de más acción se contó con un especialista. Cada mañana la pintura de estos trajes tenía que ser repasada, ya que los materiales utilizados para simular las babas del monstruo borraban la pintura acrílica, desechándose un traje semitransparente. Es curioso destacar que la baba chorreante del alien, ocasionada simplemente por el lubricante que accionaba la cabeza, en lugar de eliminarse se potenció para que tuviese un aspecto menos pulcro.

El saco de donde surge el alien "abrazacaras" (facehugger) se abría inicialmente en dos labios, decidiéndose posteriormente que fueran cuatro, por la similitud con una vagina.

El nombre de la nave Nostromo proviene de la novela de Josep Conrad del mismo título, en referencia a un barco, construyéndose el piso en forma de rejilla metálica con canastos de leche dados la vuelta y posteriormente pintados para similar metal. El diseño de esta nave no fue gratuito y se contó con la colaboración de la NASA, respecto a las características que debería tener un navío espacial. Fue tan acertado que algunos de sus componentes fueron reutilizados para la película *Blade Runner* (1982), reutilizándose también los vectores que aparecen en la computadora de Ripley mostrando el aterrizaje del Nostromo en el mismo filme.

Otros efectos especiales de fabricación artesanal fueron:

La escena en la que el embrión de alien revienta el pecho de Kane se rodó con un tronco artificial sobre el pecho del actor y con un dispositivo explosivo situado bajo una bolsa con dos kilos de tripas de animal y dos litros de sangre artificial (aunque inicialmente se pensó en cuatro litros, a Scott le pareció excesivo).

La fina capa de neblina que cubre los huevos Alien fue creada usando un láser intermitente y humo, los cuales fueron prestados por el grupo musical The Who.

El humo que salía de la parte superior de los cascos del traje espacial (que representaba aire expirado), en la escena de la exploración, era en realidad un aerosol expulsado por un mecanismo especial. Un día, uno de estos mecanismos se rompió y comenzó a expirar el aire hacia la parte interna del casco.

59

El armazón del "face hugger" que Ash investiga fue hecho con mariscos frescos para simular los órganos internos.

La escena en donde la sangre de ácido se come el suelo, fue hecha con ácido sulfúrico real tintado de amarillo

Cuando Kane está en la guarida de los huevos, y brilla la luz de uno de ellos, los movimientos que apreciamos dentro de él son realizados por el director Ridley Scott.

En la escena en que Kane, Dallas y Lambert salen de la nave, los actores que caminan al lado de la nave son los dos hijos del director y otro chico. Esto fue así para engañar al espectador y hacerle creer que la nave es mucho más grande que en la realidad.

Para acrecentar el realismo, el sistema de iluminación del set del Nostromo estaba interconectado, por lo que presionando, por ejemplo, un interruptor en las consolas, se activarían las luces de otro sector. Así, se les dieron instrucciones al reparto sobre los interruptores que debían apretar cada uno, formando una secuencia entre todos que permitiría un mayor realismo.

Scott prefirió utilizar poca música en el filme, e incluso en muchas escenas de acción no quiso emplearla, ya que quería hacer que el silencio fuera síntoma de que algo iba a suceder.

El final fue modificado, e inicialmente él, el alien mataba a Ripley arrancándole la cabeza de un mordisco, ocupaba su lugar como piloto de la nave de salvamento, y se comunicaba con la Tierra para pedir que le rescatasen, imitando la voz de la protagonista.. La productora rechazó esa posibilidad, no tanto porque ya se pensase en una saga, (habida cuenta de que aún no se conocía el éxito que podía alcanzar la película en su estreno), como porque creían que un desenlace tan negativo no le gustaría al público.

LA COSA
The Thing (1982)

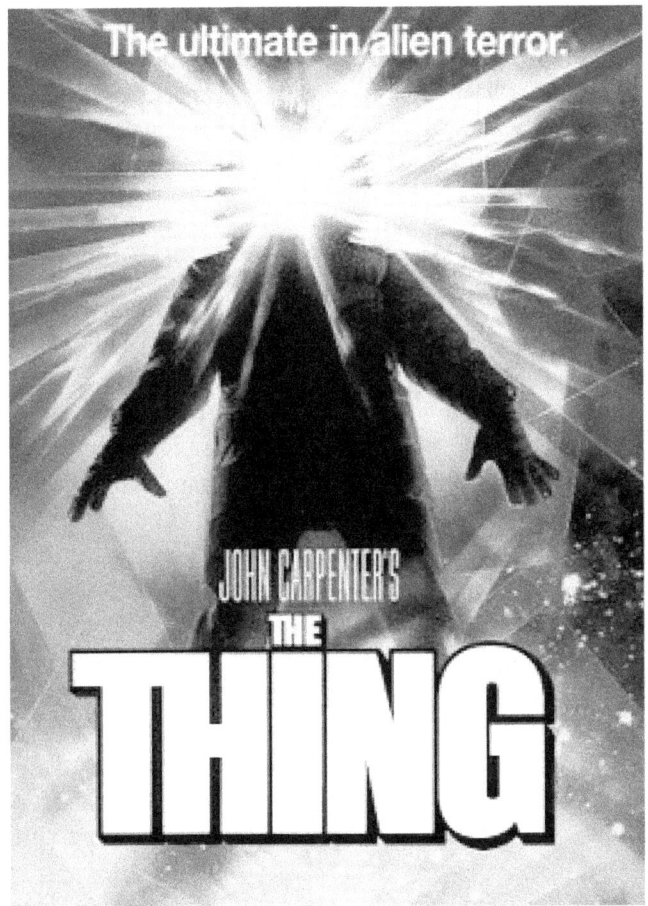

Director: John Carpenter
Efectos especiales: Rob Bottin

Interpretes:
KURT RUSSELL: R.J. MacReady
RICHARD DYSART
A. WILFORD BIRMLEY: Dr. Balir

61

Procedente de un platillo volante que se estrella en el Polo Norte, un alienígena que tiene la propiedad de poderse incorporar a cualquier forma de vida, va destruyendo poco a poco a los habitantes de una estación polar. La facilidad que este extraño ser posee para pasar de un cuerpo a otro, adueñarse totalmente de su cerebro y hasta de imitar cualquier apariencia viva, se convierte en una espantosa pesadilla para los humanos, los cuales no saben nunca si la persona que tienen delante es un compañero o el extraterrestre.

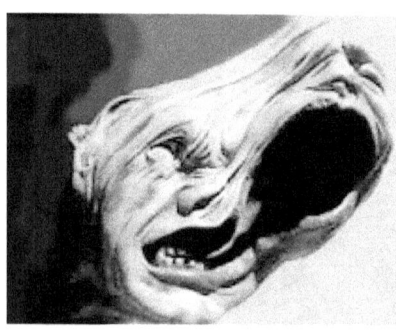

Cuando nos encontramos con un remake que está tan bien realizado como éste, las comparaciones comienzan a ser tan odiosas que mejor no las hacemos. Por ello, es probable que el espectador haya llegado a la misma conclusión que nosotros: se trata de dos obras totalmente diferentes e igualmente geniales. Esta segunda versión de uno de los clásicos más importantes del género aporta también unos efectos especiales notables (a la anterior no le eran necesarios), unas escenas de terror más abundantes y una interpretación a su altura. Se incluyen algunas secuencias de *El enigma de otro mundo* como parte de la película, lo que quizá es un homenaje del director a la primera versión.

El director John Carpenter y los efectos especiales de maquillaje de Rob Botín consiguen que apenas nos acordemos de la obra clásica de 1951, aunque existen numerosos elementos similares. Tiene momentos de suspense altamente eficaz, otros de terror y algunos propios del cine gore más horripilante, lo que mezclado con los grotescos maquillajes y una iluminación no excesivamente sombría, proporciona un conjunto loable. Sin embargo, es fácil acusarle de haber incidido excesivamente en las escenas truculentas, como ese perro diseccionado. Kurt Russell conduce la batalla contra el intruso asesino, encontrando un adecuado soporte en Richard Masur, Richard Dysart, Donald Moffat, y Wilford Brimley, todos ellos interpretando personajes clásicos posiblemente algo descuidados en el guión, procedente de la novela "¿Quién está ahí?" escrita por J. W. Campbell.

ET, EL EXTRATERRESTRE
ET The extra-terrestrial (1982)

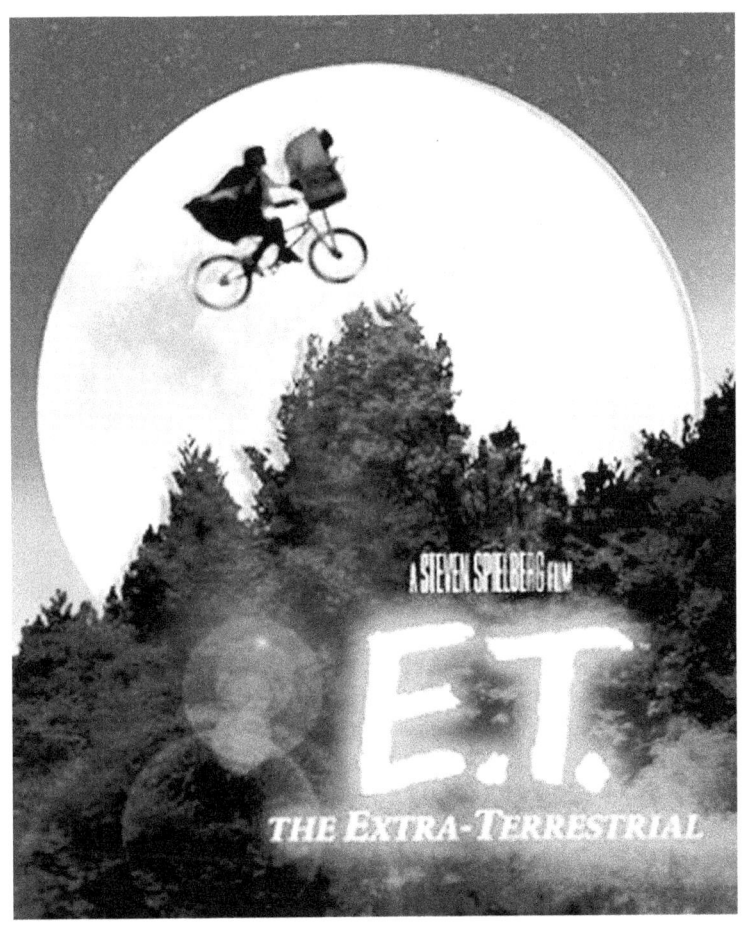

Director: Steven Spielberg

Intérpretes:
DEE WALLACE: Mary
HENRY THOMAS: Elliott
PETER COYOTE: Keys
DREW BARRYMORE: Gertie

Al tratarse de una película para niños, un cuento de hadas tan maravilloso, a los adultos nos cuesta mucho realizar una crítica justa. La versión original de 1982 ha sido retocada parcialmente gracias a los nuevos efectos especiales, pero ha perdido un poco de su encanto y su simpleza. Indudablemente ahora se podría haber realizado una figura de ET más acertada y con mejores movimientos, pero esta sencilla marioneta posee más encanto que cualquier otra más moderna, del mismo modo que los dinosaurios de Ray Harryhausen siguen siendo mejores que los de Steven Spielberg. Tampoco sabemos porqué Spielberg quitó los armas de las manos de los agentes del gobierno, ni porqué modificó la escena de la bañera. Aquella escena, con los niños a punto de caer bajo los disparos de los agentes, explica la razón por la cual ET no quiere hablar con los agentes del gobierno. Quitarles las armas y substituirlas por los talkies digitales, es un error.

Debemos insistir en que la historia de este infantil extraterrestre, extraviado de la mano de sus padres en el gran supermercado que es el espacio, es tan sencilla como eficaz, especialmente cuando se establece la frialdad de los empleados del gobierno que entra en oposición con los buenos sentimientos de los niños. A los adultos, una vez más, nos llegan las críticas, pues nadie puede entender que al minúsculo e inofensivo ser le quieran diseccionar para saber qué es lo que tiene en sus extrañas.

Recaudó 187 millones de dólares en su estreno, siendo considerada hasta entonces como la película más taquillera de la historia del cine. 20 años después se reestrenó con bastante menos éxito en la gran pantalla, con escenas añadidas, otras eliminadas y una remasterización a su altura. Premiada con varios Oscars, este cuento infantil bañó el rostro de lágrimas de millones de pequeños y grandes espectadores, demostrándonos que los sentimientos siguen presentes en los aficionados al cine.

STARMAN
(1984)

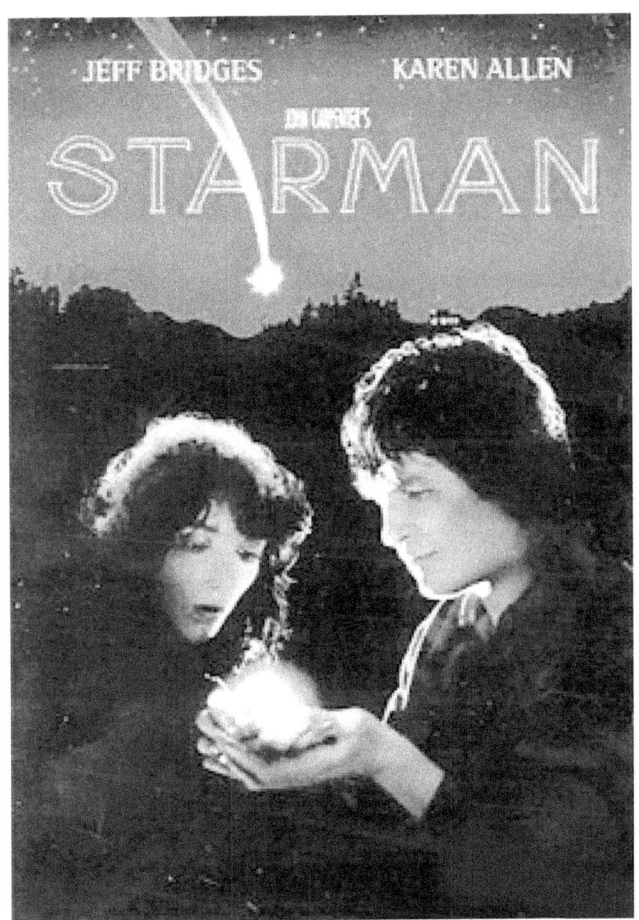

Productor ejecutivo: Michael Douglas
Efectos especiales: Stan Winston
Director: John Carpenter

Intérpretes:
JEFF BRIDGES: Starman
KAREN ALLEN: Jenny Hayden
CHARLES MARTIN SMITH: Mark Shermin

Rotundo éxito de publico, que no de crítica, el cual dio lugar a una serie de televisión con otros actores.

Aunque quizá excesivamente sensiblera, la película cuenta con la habilidad de Carpenter, quien es capaz de sacar partido a cualquier idea y llevarla a buen fin con pocos medios económicos. Jeff Bridges consiguió una nominación al Mejor Actor.

Starman empieza mostrándonos a un viajero del espacio llegando a la Tierra en una nave espacial, procedente de un planeta situado más allá de nuestro sistema solar. No es una idea nueva, pero es siempre agradable saber que alguien allí fuera se acuerda de nosotros. Y es que hemos enviado ya tantos mensajes al espacio que lo raro es que aún no lo haya cogido nadie. Bueno, pues pudiera ser que este viajero del espacio por fin haya recogido alguno de estos mensajes, puesto que al llegar sabe decir "Hola". Nuestro entrañable Klaatu en *Ultimátum a la Tierra* sabía decir más cosas, pero por eso le dispararon un tiro nada más empezar.

Nuestro amigo extraterrestre está rodeado habitualmente por una aureola de luz, muy bonita, por lo que le suponemos cargado de mucha energía. Es una buena persona, pero para las fuerzas aéreas es solamente un intruso a quien hay que perseguir y matar. Por eso suelen hacer como todos los malvados: disparar sin avisar, y como emplean cohetes el peligro es muy grande.

Cuando nuestro amigo aterriza en la Tierra lo hace en un pueblo de Wisconsin, y allí decide adoptar la forma exterior de un pintor muerto, quien dejó una viuda guapísima. Ella no puede creer lo que ve delante de sus ojos, puesto que estaba convencida de que su marido estaba muerto y bien enterrado. Pronto comprende, aunque apenas sin lograr entenderse, que ese hombre no es su marido, pero como es igual de guapo, bueno e inteligente, aprovecha para llevárselo a la cama para comprobar sus otras virtudes. Cuando pasa la prueba de la pasión con sobresaliente (nos gustaría haberla visto para aprender), ella se da cuenta que para sobrevivir en la Tierra tiene aún mucho que aprender. Aunque sabe hacer el amor, suponemos que por instinto más que por práctica con una terrestre, anda vacilando y sus razonamientos son ingenuos.

Todo esto parece encajar dentro de una película de cienciaficción sin naves espaciales ni efectos visuales, pero lo que más interesante es la manera en que el director Carpenter sabe marcar la diferencia y nos muestra casi una historia de amor entre seres de planetas diferentes. Otra parte sobresaliente de *Starman* pudiera ser la interpretación de Jeff Bridges como el alienígena. Para algunos puede ser excesivamente estúpida, pero para la mayoría estuvo muy acertada. Su personaje se hace más humano, más terrestre, a medida en que la película avanza, pero siempre conserva esa atmósfera de misterio que le hace diferente. Cuando mueve la cabeza como si fuera un robot y camina vacilante, parece algo estúpido, salvo cuando le escuchamos una corta frase que denota mucha sabiduría. El resto de los actores intentan no desmerecer al lado de él, no por falta de calidad sino solamente porque sus personajes no son tan carismáticos como el suyo.

Este ET con forma humana, adulto, pero tan infantil en sus reacciones como aquel otro, no parece encajar en las historias habituales de John Carpenter, sangrientas con frecuencia, tenebrosas en ocasiones. Ahora nos introduce casi en el estudio psicológico de un personaje solitario y seductor, sumamente morboso cuando hace el amor con la ignorante humana que cree estar de nuevo con su marido, naciendo entre ellos el amor. Ciertamente no es habitual poner una historia romántica como base de una película de extraterrestres, pero para compensarlo ahí tenemos de nuevo a los agentes del gobierno, los malos de la historia, persiguiéndole como si se tratara de un terrorista. Luego llega la persecución por Arizona, en busca de la nave nodriza que impedirá que nuestro amigo muera por agotarse sus baterías, sin que comprendamos esa falta de humanidad y sentido común en los perseguidores.

Buenas actuaciones de Karen Allen como la viuda, Charles Martin Smith como el científico de SETI, Richard Jaeckel como el hombre del gobierno, y de Jeff Bridges como el alien, quien fue nominado al Oscar para su representación del Starman.

ENEMIGO MÍO
Enemy Mine (1985)

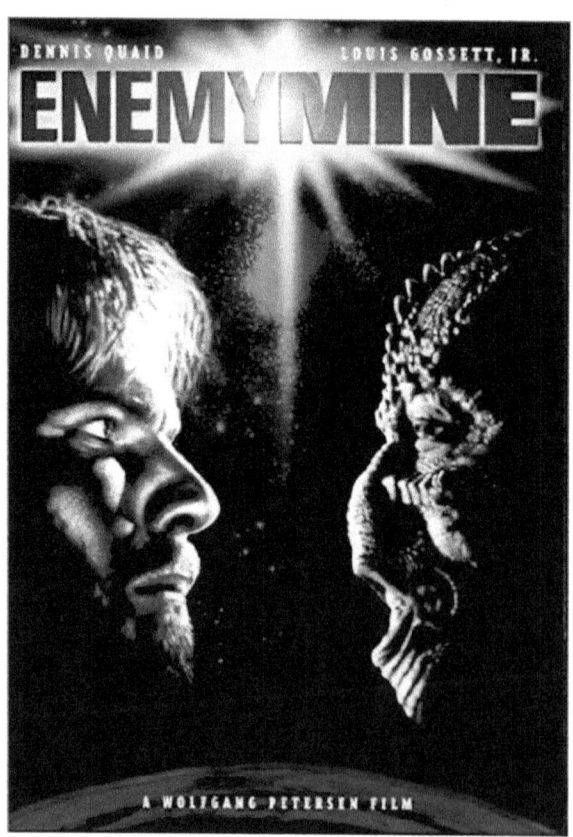

Productor: Stephen Friedman
Director   : Wolfgang Petersen
Guión: Edward Khmara
Basada en la historia de: Barry Longyear
Efectos especiales: Bob MacDonald Jr., Chris Walas

Intérpretes:
DENNIS QUAID: Davidge
LOUIS GOSSETT Jr.: The Drac
BRION JAMES: Stubbs

Enemigo mío es la historia de dos galácticos Robinsones, pero en un planeta denominado Fyrine con dos soles y seis lunas, un paisaje rojo y austero azotado por meteoros y un frío salvaje. Un día, de un siglo cualquiera en el futuro, las naves espaciales de dos enemigos caen a tierra en ese planeta extraño y allí siguen empeñados en destruirse. Uno de los pilotos es un terrícola simpático, y el otro es un humanoide con aspecto de reptil, malhumorado, pero sensible e inteligente. Aunque ambos son enemigos naturales, pronto aprenden a vivir juntos, a ayudarse, y finalmente incluso a amarse, pues el extraterrestre es hermafrodita.

Es una historia original, interesante y con unos efectos especiales comedidos ayudados por una estupenda caracterización. Las actuaciones son tan buenas que en ocasiones nos creemos perfectamente la historia y damos como probable que en un futuro tengamos amigos con aspecto de reptil andando a nuestro lado. El único problema que ambos tienen es el idioma, pero logran solucionarlo cuando encuentran a unos malvados humanos que demuestran una gran peligrosidad.

Dennis Quaid y Louis Gossett son dos buenos ejemplos de enemigos mortales, un ser humano uno, el otro un saurian, aislados en un planeta solitario donde su supervivencia depende de superar sus prejuicios profundamente arraigados. Una vez superados, en un ejercicio fascinador que mezcla el carácter y la epopeya de la supervivencia, con algo de teología, de humor y de acción, la historia funciona correctamente. No obstante, en la

69

segunda mitad la trama se vuelve moralizante, con una acción rutinaria y comienza a ser insoportable, especialmente cuando vemos a Drac, ese híbrido mujer/hombre, con instintos maternales a causa de su embarazo. A pesar de esto, la producción y el diseño de los decorados mejoran el conjunto y terminamos por aceptar esa historia afectuosa evocadora de "Robinson Crusoe en Marte".

COCOON
(1985)

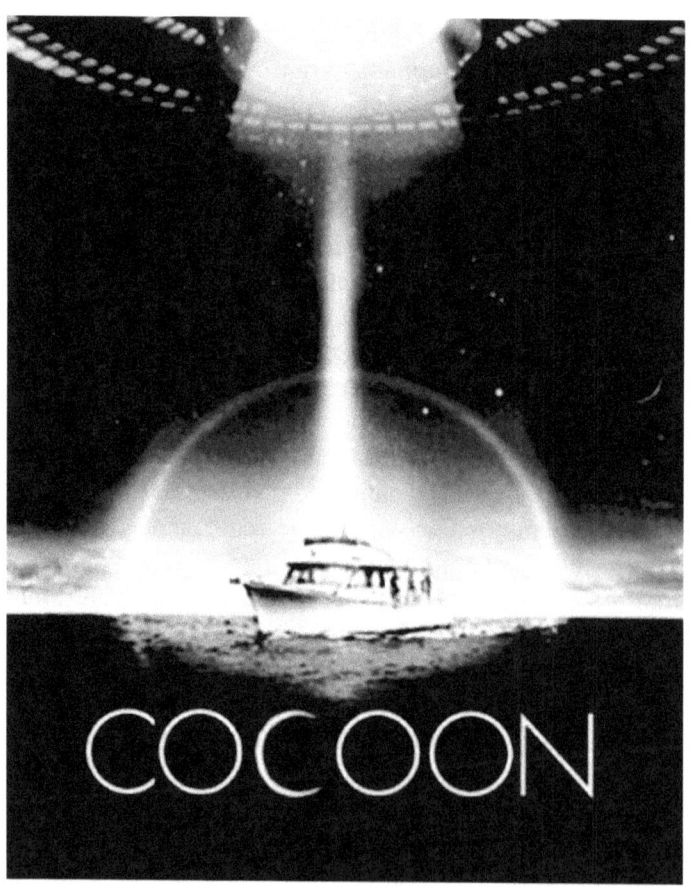

Director: Ron Howard

Intérpretes:
WILFORD BRIMLEY: Benjamin
BRIAN DENNEHY: Walter
JESSICA TANDY: Alma
STEVE GUTTENBERG: Jack

Un grupo de jubilados que viven una plácida existencia con sus achaques y problemas menores, observan que desde hace algunos días la inmersión en las aguas de su piscina les produce una nueva juventud. El secreto parece estar en unos extraños huevos que descansan en el fondo, aunque poco después los buitres humanos les intentan quitar su elixir de la eterna juventud.

Los alienígenas en esta ocasión son encantadores, sonrientes, pero igualmente poderosos, estando representados por Walter, quien ha vuelto a la Tierra para rescatar a sus 20 amigos que están ahora hibernando dentro de esos huevos. El problema es que todo debe retornar a sus orígenes y se les pone a los jubilados las cartas sobre la mesa: o se quedan en la Tierra envejeciendo lentamente, o se marchan con ellos a su planeta para lograr una existencia más extraordinaria que el más bello de los sueños. Nosotros no lo dudaríamos ni un segundo, pero en ocasiones las personas del cine son algo estúpidas y necesitan meditar su decisión.

De su director Ron Howard recordamos "Apolo 13", estando ahora igualmente acertado con este canto a la inmortalidad y la energía del amor eterno. Esta película tuvo bastante éxito de público, lo que dio lugar a una secuela "Cocoon, el retorno", tres años después, pero que apenas motivó interés.

LIFEFORCE: FUERZA VITAL
Lifeforce (1985)

Director: Tobe Hooper
Basada en la novela: The Space vampiros
Música: Henry Mancini
Efectos especiales: John Dykstra

Intérpretes:
MATHILDA MAY: La vampira
STEVE RAILSBACK: Tripulante superviviente
PATRICK STEWART:
PETER FIRTH: Agente británico

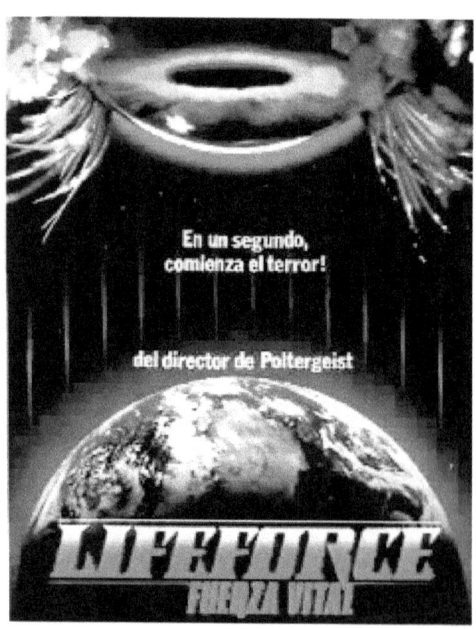

Con un plantel de renombrados especialistas del género de ciencia-ficción y de terror, se realiza esta película en la que unos extraterrestres, mezcla de vampiros y zombis, quieren adueñarse de la Tierra. Su jefa adopta la forma humana más seductora, y consciente de lo que ello supone para los varones, se pasea desnuda ante ellos, pues mientras mantienen los ojos y la boca abiertos la dejan cumplir su aniquiladora misión.

La gran dosis de erotismo y los desnudos integrales continua-dos de la protagonista, le dieron el suficiente atractivo comercial a esta película, acompañados por unos adecuados efectos especiales, muy correctos cuando nos muestran la ciudad de Londres ardiendo y sumida en el caos ocasionado por los devoradores de infelices humanos. El maquillador Nick Maley hizo un trabajo estupendo, siendo su mejor obra el cadáver parlante de un vampiro seccionado.

Pero algo debió fallar en esta extraña historia de ciencia-ficción y horror, ya que comercialmente no fue un éxito y todavía estamos esperando una edición especial en DVD que nos aclare algunas dudas. La película tiene una mala simbiosis entre la acción y los diálogos, sin que podamos saber qué pretendía el director, si mostrarnos un filme de terror, de pura acción o que reflexionáramos sobre la conveniencia de buscar en el espacio hermosas extraterrestres. Luego nos hablan de vampiros que proceden de más allá de nuestra galaxia, deseosos como todos de chuparnos hasta las entra-

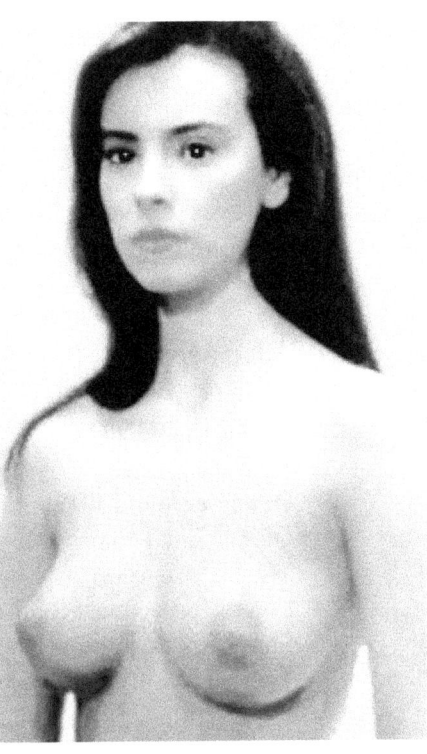

ñas, en esta ocasión literalmente. No hemos leído todavía la novela de 1976 escrita por Colin Wilson bajo el título de "The Space Vampires", en la cual nos avisa de los peligros que nos llegarán cuando el cometa Halley se aproxime a nuestro planeta, recomendándonos encarecidamente que lo dejemos pasar sin tocarle. Pero en esta ocasión, con la nave espacial entrando en una órbita geoestacionaria encima de Londres, los vampiros han extendido su plaga mortal por toda la ciudad, convirtiendo a la mayoría de sus habitantes en zombis, con lo cual el delirio del espectador llega a su cenit.

Posiblemente el fallo de este interesante filme haya que encontrarlo en el guión de Dan O'Bannon y Don Jakoby (El trueno azul), pues no podemos culpar de los fallos al director Tobe Hopper, autor de "Poltergeist" y "La matanza de Texas", dos clásicos indiscutibles del cine de terror.

En la sección de efectos especiales está John Dykstra, conocido por sus trabajos en "Star Wars" y "Star Trek", mientras que la música pertenece a Henry Mancini, en principio no demasiado adecuado, al menos si tenemos en cuenta sus trabajos en "Días de vino y rosas" y "La pantera rosa". Por eso, cuando escuchamos el scherzo de la Novena Sinfonía de Beethoven ejecutado por la Orquesta Sinfónica de Londres, nuestro asombro es mayúsculo.

DEPREDADOR
Predator (1987)
Depredador 2 (1991)

Director: John McTiernan
Guión: Jim Thomas y John Thomas
Música: Alan Silvestri
Efectos especiales: R. Greenberg, Joel Hynick,
Stuart Robertson, Dream Quest Images, Al Di Sarro,
Laurencio Cordero y Stan Winston

Intérpretes:
ARNOLD SCHWARZENEGGER: Mayor
Alan "Dutch" Schaefer
CARL WEATHERS: Dillon
ELPIDIA CARRILLO: Anna
BILL DUKE: Mac
JESSE VENTURA: Sargento Blain
KEVIN PETER HALL: Predator

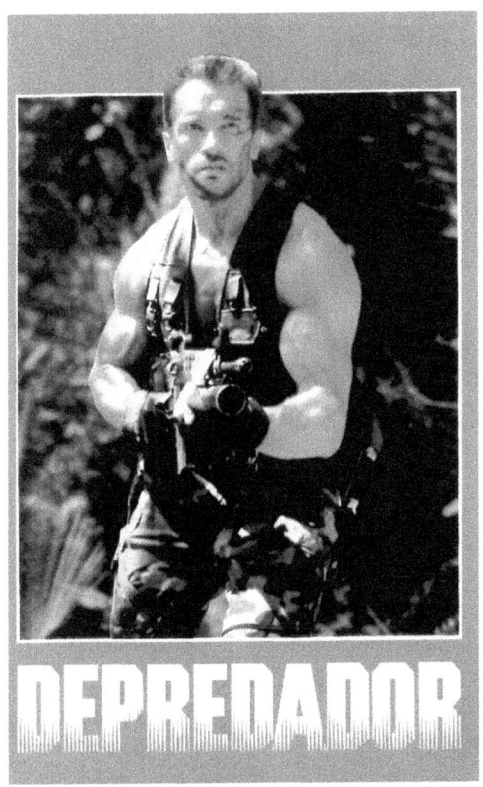

Depredador es una mezcla de *Alien* y de "Comando", por la cual Arnold cobró 3 millones y medio de dólares, negándose a protagonizar la esperada secuela.

Schwarzenegger es ahora el líder de un grupo de soldados americanos que entran en la selva venezolana para una misión política, aunque sus planes son interrumpidos por la presencia de un alienígena con el cual tienen que batirse. La idea, sin ser original, es distinta y por eso contiene ingredientes de sumo interés. Los efectos especiales para el Depredador son dominantes aquí, y una gran cantidad del presupuesto fue dedicado solamente para hacerlo tan espantoso y beligerante como fuera posible. Al principio apenas conseguimos ver nada más que sutiles sombras y reflejos, imágenes que se descoloran, pero pronto comienza a emerger ante nosotros, y en ese momento percibimos su bien diseñada armadura metalizada. Cuando se debe enfrentar a nuestro fortachón representante humano, el choque es como el de los titanes, pero Arnie no tiene coraza ni sus armas disparan rayos verdes. El arreglo de cuentas entre ambos llega a ser una cuestión de honor y ahora los conocimientos del terreno son tan importantes como la fortaleza.

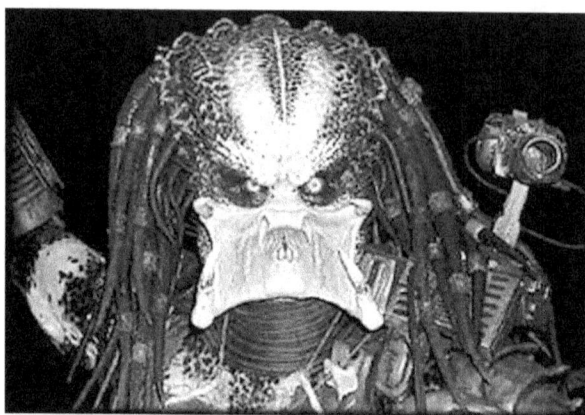

Depredador se filmó en plena selva y en unos decorados construidos en Puerto Vallarta, Jalisco y Palenque, en donde no faltaron los mosquitos, las serpientes y la lluvia torrencial. Por eso la historia tiene fuerza y es fácil que el espectador se sienta tan ahogado por los problemas como los protagonistas. Nuestros héroes están bien armados, son valientes y suelen sacrificarse por sus compañeros, pero no saben luchar contra un habitante del espacio exterior que se hace invisible y posee armas muy precisas y letales. Además, la selva por la que se mueven es impenetrable, húmeda, y no les permite moverse con facilidad.

El argumento es sencillo cuando nos muestra a unos cuantos hombres que deben buscar a unos oficiales americanos que han sido secuestrados por terroristas. Pueden rastrear y localizar a los fugitivos, pero cuando todo parece fácil la muerte les acecha. Pronto empiezan a morir y ven los cadáveres de sus compañeros colgados y descuartizados, como si fueran frutas maduras. Debe transcurrir más de la mitad del filme para que lleguen a descubrir que quien les hace esto no es un terrorista, sino un cazador que ha venido de otro mundo para llevarse algún trofeo a su chalet galáctico. El trofeo tiene que ser un humano y la diversión consiste en dejarles que disparen sus primitivas armas, antes de freírles con su lanzarayos. Parece malvado, pero otorga más oportunidades a su presa que los cazadores humanos hacen con los inocentes ciervos. Esa criatura se mueve hábilmente entre los árboles, es fuerte, alto, despiadado y, además, cuando las cosas se le tuercen se hace invisible y ya no hay manera de matarle. Pero no contaba con nuestro amigo Arnold, quien le pone una trampa, le agarra y se lía a golpes con él.

Todos los detalles están cuidados al máximo y para eso contaron con el experto en monstruos Stan Winston, quien diseñó la criatura como una bestia menos horrible que su Alien, puesto que le dio apariencia humana, salvo cuando se quita su traje protector. La acción es lenta al principio, cuando nos muestran a los personajes, pero pronto comienza una desenfrenada carrera en la cual sus protagonistas no tienen descanso. El malvado alienígena está allí para cazar, y es posible que sea un cazador furtivo, lo que justificaría su deseo de matar y luego descuartizar a sus víctimas. Pero en el fondo es un buenazo, puesto que cuando pelea con Schwarzenegger lo hace sin armas, a puro puño, y hasta llegamos a sentir pena por él cuando vemos su sangre brotar de sus heridas y le oímos gritar de dolor.

Hay varios momentos en que el guionista nos recuerda que ese alienígena no hace nada diferente a lo que hace cualquier cazador terrestre con los animales, puesto que posee toda una tecnología refinada para matar a sus presas sin peligro. Como cualquier cazador, también viaja lejos hasta llegar a su destino (unos cuantos años luz de nada), se sienta cómodamente para ver a su presa pasar y dispara procurando dar entre ceja y ceja, para presumir luego con sus amigos de lo hábil que ha sido.

Nosotros ya sabemos, porque nos lo han explicado repetidas veces, que los alienígenas son todos muy listos y que poseen naves más rápidas que el Enterprise, por eso no nos extraña su comportamiento y efectividad, aunque esperamos que nuestro amigo Arnold le de una buena zurra para que no vuelva nunca más.

En resumen, una lograda película, con buenos efectos especiales, mucha reflexión ecologista y una perfecta fotografía. La segunda parte, "Depredador 2", no contó con la presencia de Arnold Schwarzenegger, aunque el trabajo en las criaturas de

Stan Winston y el buen guión de Thomas, consiguieron salvar al filme. Después, para igualar un poco las cosas, al Depredador le hicieron pelear con el Alien, y eso sí que fue peliagudo.

Cómo se hizo

Con cierta similitud con el filme "Llegaron sin avisar" (1980) y disponiendo del título inicial de "El Cazador" (que aún se puede ver en las escenas alternativas del DVD), el personaje extraterrestre ha sido objeto de varios cómic como "Aliens vs. Predator", "Deadliest of the Species", "Duel", "War", y "Booty", e incluso le hemos visto pelearse con Superman y Batman.

El traje original del Depredador usado para la película se exhibe en el Planet Hollywood de Hong Kong, algo diferente al modelo inicial de una criatura de cuello largo, una cabeza formada como un perro y un ojo grande en el centro. Cuando Stan Winston decidió cambiar el diseño completo del "depredador", cambió también el título, diseñando la mandíbula James Cameron, amigo de Winston.

Jean-Claude Van Damme se había puesto algunas horas el traje delante de la pantalla azul, pero renunció después de dos días, descontento por interpretar a un efecto especial que no aparece en los créditos. El papel del Depredador lo asumió entonces Kevin Peter Hall, un actor de cerca de dos metros de altura, que también interpretaba a Pies Grandes tanto en el film "Bigfoot y los Henderson", como en la serie de televisión. Para darle autenticidad, se efectuó un intento de conseguir tomas del Depredador saltando de árbol en árbol utilizando monos auténticos, pero los animales no paraban de intentar quitarse el traje y la idea fue abandonada.

Siguiendo una costumbre habitual en este tipo de filmes, Schwarzenegger y los demás miembros del reparto se sometieron durante un mes y medio a una ardua preparación física en un gimnasio de Los Angeles y, una vez en tierras mejicanas, continuaron con una semana de adiestramiento militar previo al rodaje, a fin de familiarizarse con el manejo de las armas y los rudi-

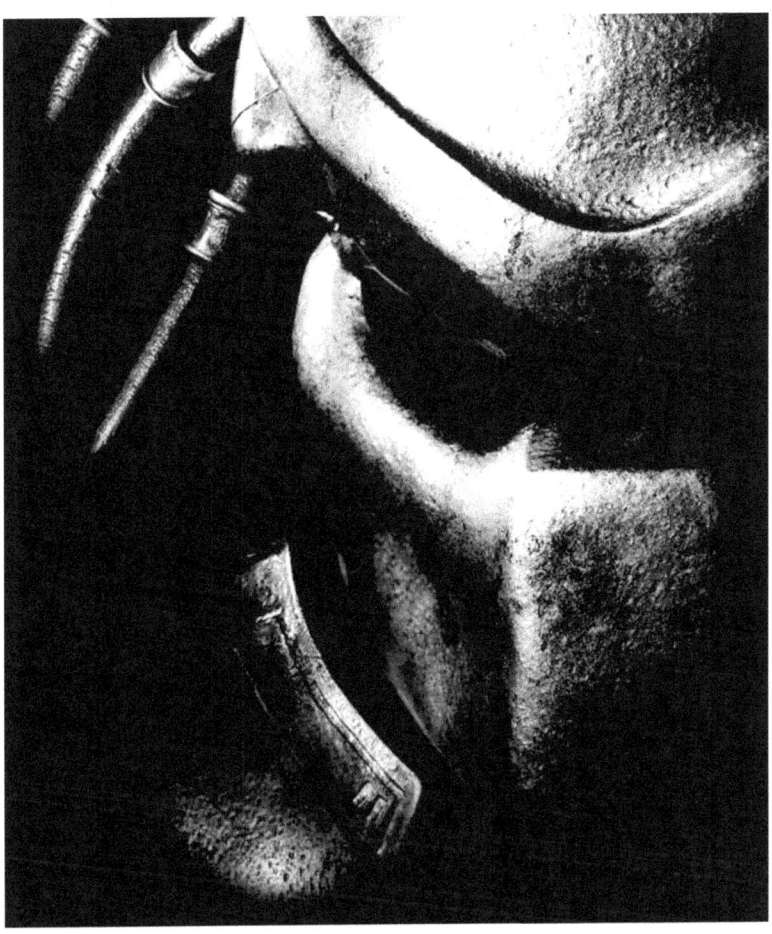

mentos de la estrategia de los comandos de operaciones especiales. Durante esa semana, los actores eran trasladados en camión
a un punto de la selva para entrenarse y, al final de la jornada,
recorrían los diez kilómetros de regreso a pie.

En el momento de su estreno, algunas copias sufrieron cortes
en diversos países para rebajar el contenido violento de sus escenas, sobre todo en Alemania, donde en la versión exhibida en

cines desapareció el plano del brazo amputado de Dillon que sigue disparando su ametralladora.

Algunos defectos que se perciben claramente son:
Mientras Dutch prepara las trampas con las que planea acabar con el alienígena en la pelea final, su camiseta aparece y desaparece misteriosamente.

La sangre de Hawkins, que salpica la cara de Anna cuando el primero muere a manos del extraterrestre, se va modificando sobre el rostro de la actriz según cambia el plano.

Durante el último combate, cuando Dutch herido se apoya en un árbol, el Depredador se desprende de su máscara y le mira: en el plano desde el punto de vista subjetivo del monstruo, Dutch ya no está apoyado en ningún árbol, sino de pie en una postura similar.

ESTÁN VIVOS
They Live (1988)

Director: John Carpenter

Intérpretes:
RODDY PIPER: Nada
KEITH DAVID: Frank
MEG FOSTER: Holly

Extraña película de ciencia-ficción con un argumento que supone una sátira social hacia la manipulación que ejerce la publicidad. El protagonista es Nada (Roddy Piper), uno de los nuevos vagabundos americanos, un perdedor en el estallido empresarial de los años ochenta, que llega a una gran ciudad con sólo una mochila en busca de trabajo. Pronto percibe un movimiento revolucionario que se esconde entre las esquinas y que solamente puede ver gracias a unas gafas especiales.

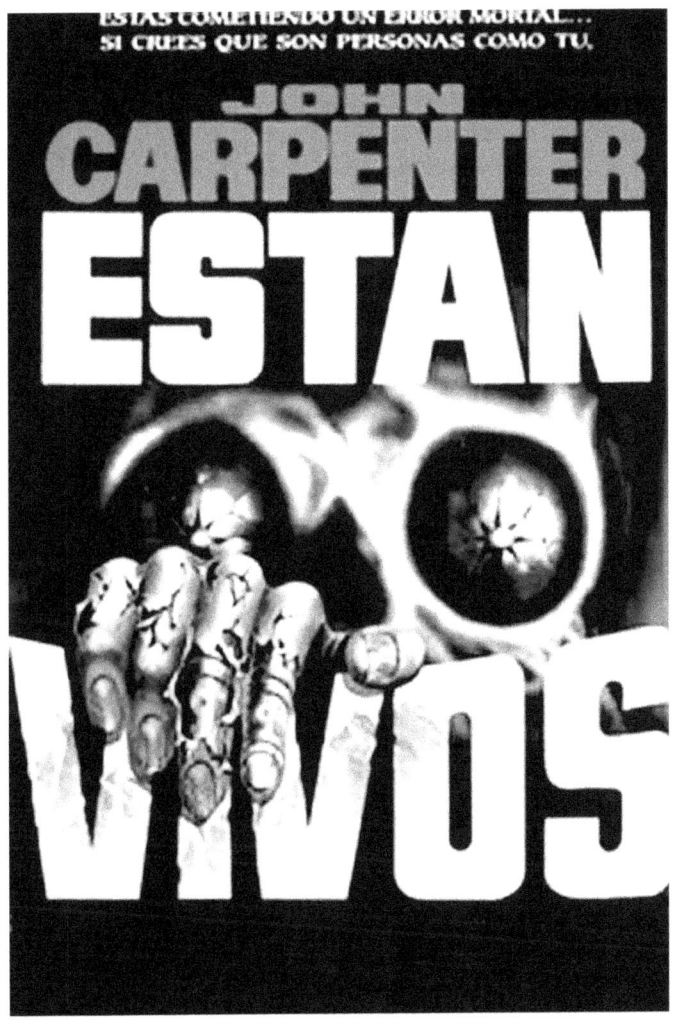

Por desgracia, nadie le hace caso y las mismas personas a quienes trata de pedir ayuda parecen involucradas en esa conspiración. Cuando observa a su alrededor se da cuenta que cada cartel, periódico o etiqueta contienen un mensaje que anima a la raza humana a buscar imperiosamente el dinero. Cuando esta sugestión se realiza, ya están bajo el poder de los extraterrestres. Estos seres, conocedores de las debilidades de los seres humanos, les ponen a su alcance lo que más persiguen, el dinero, aunque sea a costa de su alma. Pronto nuestro amigo es perseguido como un asesino psicópata, como un revolucionario temible, y nada parece presagiar un final feliz.

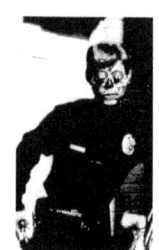

Carpenter en esta ocasión se muestra menos activo que en otros filmes, con pocas escenas de acción, aunque nuevamente el protagonista se encuentra acorralado y en soledad para resolver el conflicto. Con unos diálogos tan escuetos que parecen improvisados, ninguna concesión al amor (¿dónde están las chicas guerreras y apasionadas?), una música de fondo que hemos escuchado ya en otros de sus filmes, la historia termina seduciéndonos casi por casualidad. Esto es ya una constante en las películas de Carpenter, empeñado en hacer que sus historias vayan in crescendo, pero mucho nos tememos que eso ocasione somnolencia en los espectadores en la primera hora, y a ver cómo conseguimos que se despierten luego.

ABYSS
(1989)

Director: James Cameron

Intérpretes:
ED HARRIS: Bud Brigman
MARY ELIZABETH. Lindsey Brigman
MICHAEL BIEHN: Coffey.

Con un presupuesto que se le atragantó a la productora (más de 50 millones de dólares), el guionista y director Cameron sigue la línea marcada en *Terminator* (1984) y *Aliens* (1986), llevándonos ahora a los modos cinematográficos de otros filmes similares como "La Grieta", "Leviatán" y "La caza del Octubre Rojo". Además, trata de corregir los errores de series de televisión como "Viaje al fondo del mar" haciendo un uso acertado de

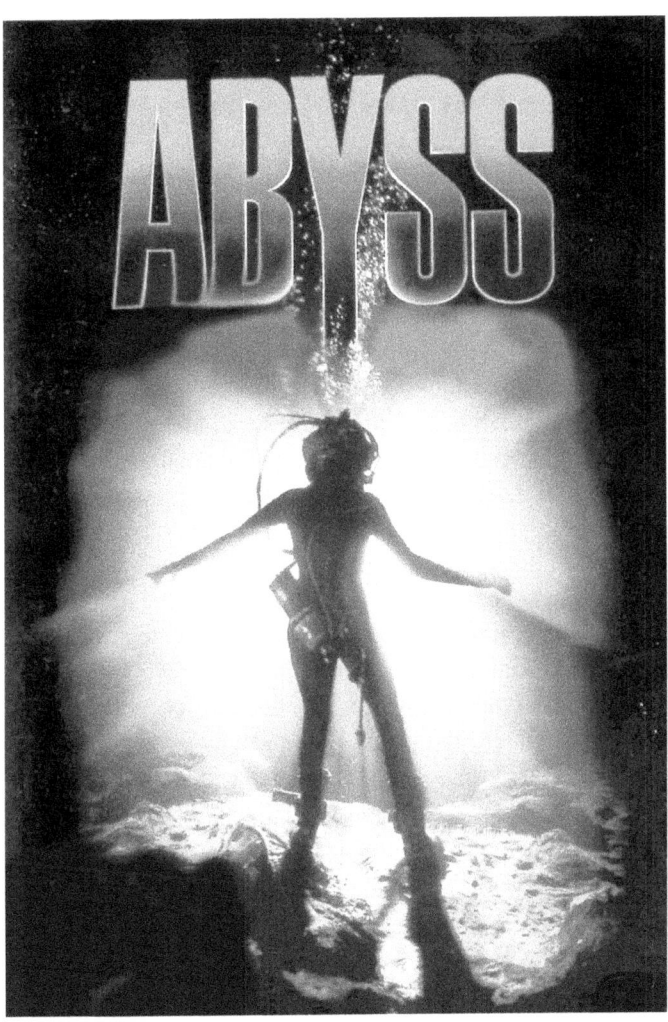

los efectos especiales. Todo tiene que ser real, y cuando nos muestra a una fortaleza submarina de alta tecnología, que es golpeada fortuitamente por una gigantesca grúa, nos angustiamos con los protagonistas en esa caída interminable. Para complicar las cosas, llega un paranoico soldado que solamente ve comunistas por todos los lados, y cuando quiere explosionar una bomba nuclear solamente les queda rezar o… pedir ayuda a los extraterrestres.

Las criaturas misteriosas flotan alrededor del submarino, y ella (Mary Elizabeth) está segura que representan una fuerza extraterrestre benéfica, pero cuando el agua le llega hasta la cabeza y se ahoga, su mente ya no tiene tan claras las cosas.

Durante los primeros 60 minutos la historia es angustiosa y casi perfecta, incluso se nos hace asombrosa cuando vemos a esa forma gelatinosa que es capaz de utilizar el agua para adoptar cualquier volumen y apariencia. Sin embargo, en el momento en que vemos la aparición de los angelicales aliens toda nuestra emoción se diluye, mucho más en el momento en que una música de coros angélicos se funde con las visiones.

Cameron logra salvar el filme, qué duda cabe, pues lo bueno pesa más que lo malo, y cuando nos muestran en la versión restaurada y ampliada el rodaje en la gigantesca piscina, comprendemos que el director no podía controlar todo.

Los efectos especiales de este filme fueron el detonante para una nueva generación de creativos, empleándose adecuadamente una técnica denominada como morfing o efecto consistente en posibilitar la metamorfosis de un elemento corpóreo a otro en continuidad espacio-temporal. Aunque en "Tron" (1982) ya se habían introducido técnicas de infografía (decorados, vehículos, naves y vestuarios virtuales), no sería hasta la aplicación de este truco sobre personajes, como en el caso de Abyss, cuando se despertó el asombro y la expectación de la gente.

Cómo se hizo

Hablando sobre las dificultades del rodaje, Alfred Hitchcock declaró una vez," Nunca haga una película con niños y perros." Si él hubiera trabajado con James Cameron, habría añadido otro elemento a su lista, e incluso hubiera renunciado a rodar un filme bajo el agua. Sin embargo, Cameron no parece tener dificultades especiales para estos asuntos, especialmente después de haber invertido 200 millones de dólares en "Titanic". Antes reconoció que ese filme de 1989 denominado "Abyss", había sido la película más difícil de su carrera. Bob Kirby, el co-fundador de Diving Systems International, estaría de acuerdo indudablemente, especialmente considerando su papel como consejero técnico de Cameron e ingeniero marino.

Kirby recuerda cómo llegaron a ponerse en contacto. "Entre 1984 y 1990 trabajé para el Western Space & Marine, una empresa especializada en proyectos técnicos complejos, hasta que en la primavera de 1989, el teléfono sonó. Era una llamada de Al Giddings, un director de cine submarino muy famoso. Estaba intentando localizar a Bev Morgan, pero en la Twentieth Century Fox le habían dado mi teléfono por equivocación." Después de unas pocas palabras le contaron que necesitaban 11 cascos de buceo diseñados y construidos para la próxima película de James Cameron, "Abyss". La oportunidad era única y les replicó que ellos no necesitaban a Bev Morgan, sino a Bob Kirby. Poco después había llegado ya el oportuno acuerdo, aunque en la primera entrevista con Cameron este le llamó reiteradamente Bev.

"Durante el siguiente año y medio, mis sentimientos hacia ese director espectacular no disminuyeron, y aunque muchos lo consideran como un tirano de mal genio, lo cierto es que yo no opino igual. Inmediatamente me enseñaron los diseños de Ron Cobb, un artista de gran talento cuyos dibujos sueltos sobre los cascos eran atractivos e indudablemente se podían construir con esa forma. Los unimos con diez mochilas, más una para Cameron, pues él estaría dirigiendo las escenas dentro del agua.

La idea era no utilizar cordones umbilicales para suministrar aire, y todo el aire tenía que estar proporcionado por las mochilas. Esto implicaba que había que ser muy ahorrativo, pues en ocasiones los minutos de inmersión eran muchos. El problema era que el casco no debía contener tubos hacia la nariz o la boca, era necesario dejar libres las caras de los actores, lo que dificultaba el proceso de expulsión/renovación del aire. Parecía obvio que la concentración de anhídrido carbónico iba a ser demasiado

85

alta, a lo que habría que añadir el hecho de que los cascos deberían llevar equipos de sonido.

Otro desafío era lograr que los buzos descendieran con rapidez hasta el fondo para sustituir a los actores que llevaban inmersos el tiempo límite, evitando hacer pausas que serían muy costosas. Además, se necesitaban 300.000 dólares para construir unos equipos que debían durar un año. Cuando se le dijo a Scout cuál era el presupuesto, dijo: 'De acuerdo, hágalo por 62.000 dólares'. Increíblemente encontramos quién los fabricara con ese presupuesto, pero cuando todo iba correcto nos acordamos de que no habíamos incluido dentro el equipo de audio, lo que supondría un dinero extra. Dicen que las dificultades crecen a las personas, pues nuevamente surgió un gasto extra al darnos cuenta de que los cascos iban a llevar luces y esto requería una batería en las mochilas. Cuando le contamos todo esto a Cameron nos respondió: ¡Váyanse al infierno! El asunto es que aún no habíamos comenzado a rodar y el presupuesto había aumentado 300.000 dólares.

Los problemas técnicos surgieron pronto, pues al carecer los cascos de máscara nasal y oral, el aire tenía que introducirse con mucha fuerza y volumen para eliminar el anhídrido carbónico, lo que podía ocasionar un aumento excesivo de la presión atmosférica en el interior. Este proceso, efectuado durante muchos minutos, podría provocar serios problemas a los buzos. Además, estos cascos eran incómodos y erosionaban la cara de los actores, especialmente en la barbilla. Ahora que lo veo desde lejos, reconozco que fue un milagro que nadie saliera herido. Cameron, por supuesto, no quería saber nada de nuestros problemas y solamente preguntaba si ya estaba todo terminado.

Ed Harris fue el primer actor que se puso el casco y se sumergió con él. Como podría esperarse, no sabía nada de zambullirse con escafandras, y se podían ver las gotas de sudor en su frente. Era un atleta y tenía un carácter duro, evitando quejarse de nada, pero cuando descendió los primeros veinticinco pies, con Cameron tras él, su aspecto ya no era tan sereno, especialmente cuando las orejas les comenzaron a picar. Lógicamente, era un inconveniente que no habíamos previsto, mucho menos solucionarlo dentro del agua.

El tanque tenía sesenta pies de profundidad y había pertenecido a una central nuclear alojando el reactor. En caso de una fusión, se abrirían dos tanques de emergencia que inundarían el tanque principal con agua de un lago adyacente. Esa misma agua se utilizaría para llenar otros tanques más pequeños, uno de los cuales se empleaba para el entrenamiento.

Poco después del comienzo nos dimos cuenta que el agua se llenaba de objetos indeseables, de algas e incluso de serpientes, por lo que se hizo imprescindible filtrar todo instalando filtros grandes y agregando cloro. Pronto, nuestros trajes de baño quedaron teñidos, lo mismo que el pelo, además de quemarnos la piel con los aditivos. Las grandes cantidades de química también causaron que se oxidaran los elementos metálicos, al mismo tiempo que obstruían el sistema de filtración, por lo que al poco tiempo el agua clara se volvió de castaño oxidado. Desgraciadamente, la compañía encargada de reparar los filtros no sabía nada sobre la incorporación del cloro al agua, y delegó su responsabilidad. Cameron empezó a maldecir, y terminó despidiendo a su director auxiliar. Yo mismo limpié los filtros y continuamos el rodaje.

Disponíamos solamente de dos grandes camiones de mudanza que debían albergar a todo el equipo, además de una sala para la pequeña maquinaria. Esto, más el sol de California, ocasionaba que dentro fuera una sauna y el calor causaba el malfuncionamiento de los motores. Recuerdo también el día que le presenté a Cameron por primera vez los cascos, flamantes y perfectos, pero cuando los vio me dijo: 'Estropéalos. Deben verse viejos'. Así que los arrastramos por el suelo durante un rato y se los volví a enseñar, mostrando una sonrisa de aprobación".

STARGATE: PUERTA A LAS ESTRELLAS
Stargate 1994

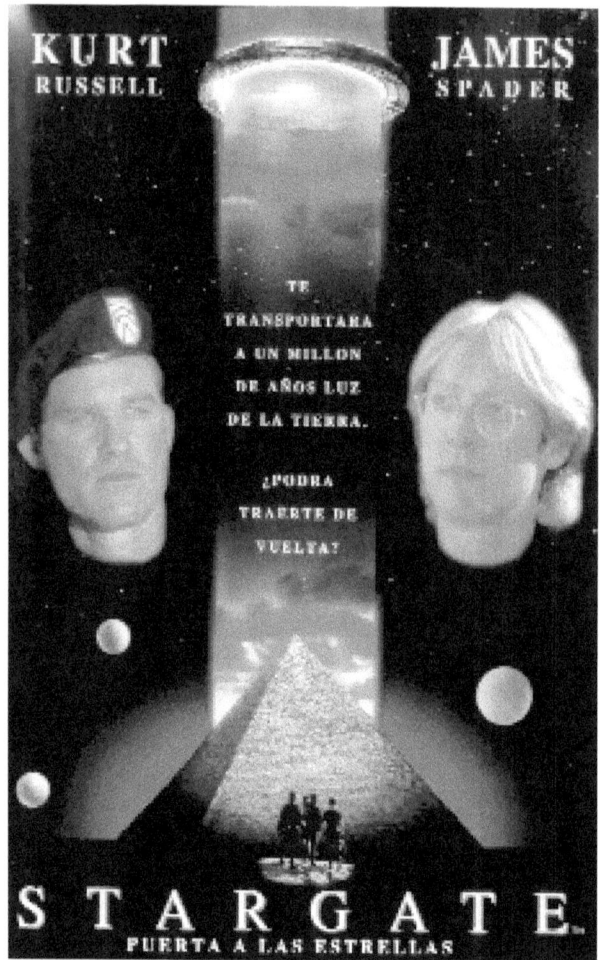

Director: Roland Emmerich
Guión: Roland Emmerich, Dean Devlin
Fotografía: Karl Walter Lindenlaub
Efectos especiales: Kit West
Vestuario: Joseph Porro

Intérpretes:
KURT RUSSELL: Coronel Jonathan "Jack" O'Neil
JAMES SPADER: Dr. Daniel Jackson
JAYE DAVIDSON: Ra
VIVECA LINDFORS: Catherine

La película comienza con un retroceso al año 1928, en Egipto, en donde unos científicos descubren algo que consideran vital para la humanidad. Cuando volvemos a nuestra época vemos que ese hallazgo está en manos de los militares y ellos han construido un extraño artefacto para viajar a otra dimensión. Pero no saben cómo ponerlo en marcha y están convencidos que le falta algo que está explicado en unos jeroglíficos extraños. Para descifrarlos llaman a un egiptólogo llamado Daniel Jackson (James Spader), quien explica su teoría sobre lo que denomina una puerta a otros mundos.

Jackson no es el tipo de hombre adecuado para realizar este primer viaje de prueba, al menos así lo piensa el rudo coronel Jack O'Neil (Kurt Russell), quien desearía llevar a una persona más enérgica. Pronto todo el equipo se introduce en esa puerta y viajan a través del tiempo y el espacio hasta llegar a un planeta similar a la Tierra. Todo en él se parece demasiado al antiguo Egipto y hasta existe un dios llamado Ra (Jaye Davidson) que aterroriza con su mirada. Este dios es muy pequeño, casi parece un niño, pero gobierna férreamente una sociedad de guerreros temibles, tal y como antes lo hacían los faraones. Poseen naves espaciales y armas muy poderosas, además de ciertos poderes mentales.

Este argumento nos demuestra que estamos ante una película con una buena historia y que es contada con suma efectividad, suponiendo una grata sorpresa en un momento en el cual la ciencia-ficción no aportaba nada de interés. Hábilmente manejados los movimientos de masas y correctamente interpretada, fue la primera nota de atención hacia las grandes productoras de que nos encontrábamos con un director que podía codearse sin problemas con Steven Spielberg.

La serie de televisión posterior constaba de 21 capítulos y estaba basada en la idea original: la existencia de una puerta tras la cual se puede viajar a épocas anteriores de diversos mundos lejos de la Tierra.

SPECIES
Especie mortal (1995)

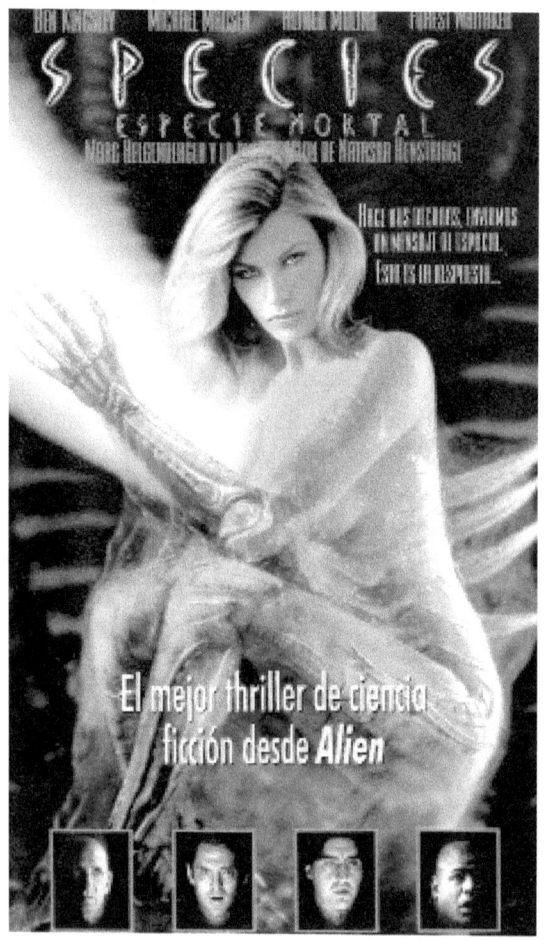

Efectos especiales: R. Giger
Música: Christopher Young
Guión: Dennis Feldman
Director: Roger Donaldson

Intérpretes:
NATASHA HENSTRIDGE: Sil
BEN KINGSLEY: Xavier
MARG HELGENBERGER: Laura
FOREST WHITAKER: Dan

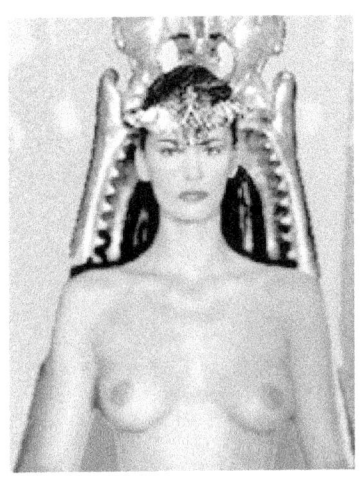

En 1974 el gobierno de los Estados Unidos ha estado enviando mensajes a través de una antena especial muy potente, aunque durante 20 años no han obtenido respuesta. Ahora reciben un mensaje en el cual hay los secretos de un código genético para crear un alienígena mutuo, y el resultado es una preciosa niña que debe permanecer encerrada. Pero la pequeña tiene también sangre humana y no le gusta estar presa, tiene miedo y desconfía de los científicos. Pronto logra escaparse y su metabolismo le permite desarrollarse rápidamente, convirtiéndose en pocos días en una bellísima mujer a quien no le preocupa mostrarse desnuda. El problema es que debe comer carne humana y su necesidad para sobrevivir hace que mate sin piedad y brutalmente.

Con escenas llenas de sangre y morbo, una violencia poco habitual en una película de ciencia-ficción, y unos secundarios de lujo que consiguen dar el soporte a la protagonista, es difícil negar la originalidad en esta historia, e incluso conseguir que el espectador se ponga de parte de la malvada alienígena, cuyo desprecio por la vida de los humanos nos parece razonable.

Hubo una secuela, bastante menos interesante, y pronto perdimos la oportunidad para contemplar de nuevo a la escultural Natasha, la alienígena más bella de la historia.

MARS ATTACKS¡
(1996)

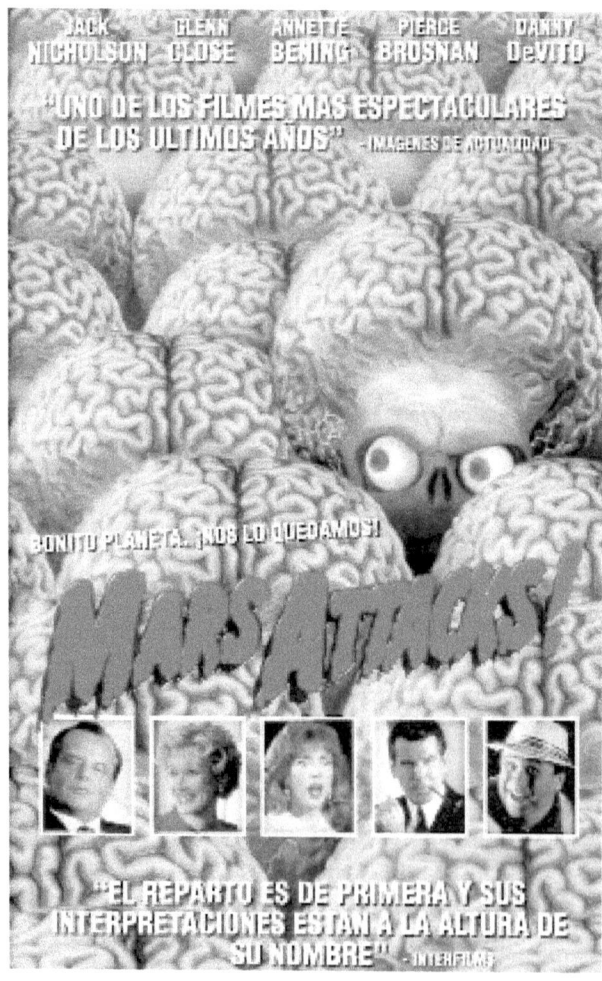

Música: Danny Elfman
Historia y guión: Jonathan Gems
Basada en: Mars Attack de Topps
Producida y dirigida por: Tim Burton

Intérpretes:
JACK NICHOLSON: Presidente
GLENN CLOSE: Primera Dama
PIERCE BROSNAN: Donald Kesler
DANNY DeVITO
MICHAEL J. FOX: Jason
TOM JONES: él mismo
JIM BROWN: Byron
ROD STEIGER: General Deker

¡Marte Ataca! es una de las más intensas fantasías y delirios de Tim Burton, un amante convencido del género fantástico. Ahora nos envía este homenaje a los clásicos del cine de la década de los 50, especialmente cuando la pasión por la invasión de extraterrestres estaba en pleno auge. Para algunos fue solamente una respuesta al patriotismo americano mostrado en "Independence day", no tanto para ridiculizar a los autores de ese filme, como para demostrar que la ciencia-ficción seria y el humor son compatibles. Esta película es pura alegría, imaginación, y risas, más que cualquier otra comedia en la última década.

El cuento comienza cuando centenares de platillos volantes (antes nadie empleaba la palabra OVNI) parten desde un lejano planeta hasta nuestra confiada Tierra, llenos de un espíritu claramente belicista y conquistador. Cuando aterrizan, los habitantes les reciben inicialmente con los brazos abiertos, infelices ellos, hasta que un desierto plagado de cadáveres vaporizados les demuestra que algo no marcha bien en el cerebro de esos visitantes. Cuando llegan a la Casa Blanca y al Capitolio, arrasándolo todo, es cuando alguien empieza a llamarles invasores.

El argumento está lleno de momentos gratos que nos llevan desde Washington DC a Las Vegas y de allí a Kansas, sin que sepamos en qué momento van a comenzar de nuevo a vaporizar personas y cosas. Sus guiños nos demuestran que han tomado referencias claras de *La Tierra contra los platillos volantes, Ultimátum a la Tierra* y *La guerra de los mundos,* por lo que nuestro entusiasmo nos obliga a permanecer reclinados en nuestro asiento y no perder detalle. Por si fuera poco, nos sacan a la pantalla a un gran plantel de estrellas populares, algunas tan dispares como Jack Nicholson en el personaje del presidente, Danny DeVito, Pierce Brosnan y una encantadora Annette Bening. En medio de ellos, pero nunca como unos simples secundarios, tenemos al cantante Jim Brown como el jefe de sala de un casino de Las Vegas que quiere resolver a puñetazos la agresión de esos muñecos marcianos, y un incombustible Tom Jones que además de cantarnos aquello de "No es nada extraño", demuestra que sabe correr cuando llegan los extraterrestres.

Los efectos especiales son fabulosos, pero nos recuerdan a las técnicas antiguas, creemos que de manera deliberada. Tanto los platillos volantes, como sus rayos destructores y la forma de derribar los edificios más emblemáticos de Estados Unidos, son una fiel copia de *La Tierra contra los platillos volantes*. Incluso, y creemos que Tim Burton así lo pretendió, el final es un calco

de la primitiva versión donde los marcianos mueren por un sonido especial, mientras que ahora lo hacen por una canción que de
puro horrible les destroza el cerebro. Bueno, esto es lo mismo
que nos sucede a nosotros con algunas canciones modernas, aunque afortunadamente se puede solucionar apagando la radio.

LAS BRIGADAS DEL ESPACIO
Starship Troopers (1996)

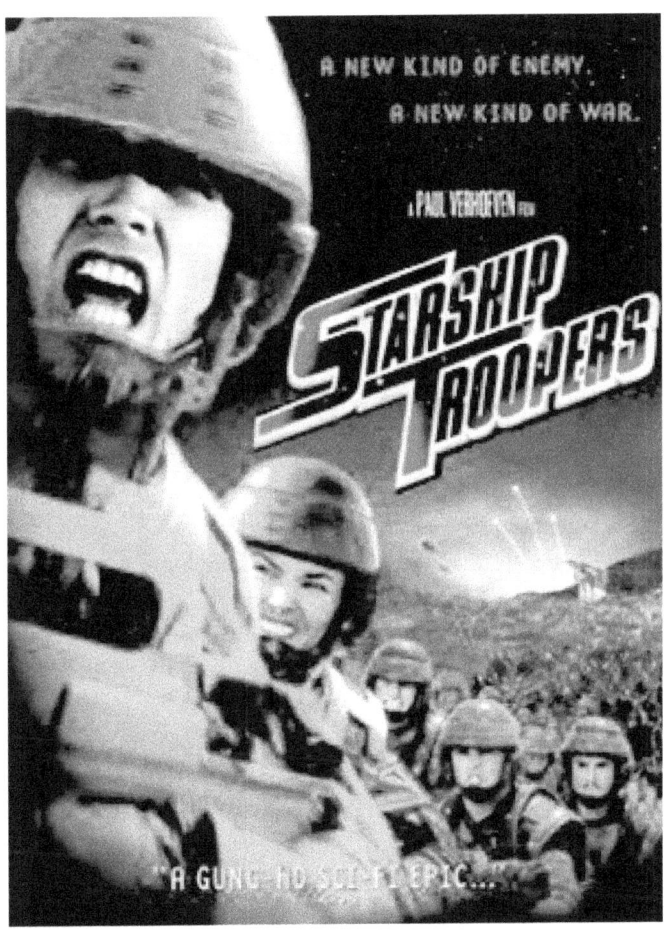

Productor: Alan Marshall, Jon Davison
Guión: Ed Neumeier
Fotografía: Jost Vacano
Música: Basil Poledouris
Director: Paul Verhoeven

Intérpretes:
MICHAEL IRONSIDE
CASPER VAN DIEN
DINA MEYER
DENISE RICHARDS

Dirigida por un director tan irregular como Paul Verhoeven, quien parece estar buscando siempre el impacto entre los espectadores a costa de lo que sea, nos muestra ahora una epopeya de la Humanidad para tratar de aniquilar una raza de insectos inteligentes. Estos alienígenas viven en el planeta Klendathu y poseen medios orgánicos para matar y protegerse, incluso lanzando su plasma hasta las naves terrestres que esperan en el espacio su oportunidad.

En el filme trabajaron numerosos especialistas del género de ciencia-ficción y la mayor parte del presupuesto se dedicó a los efectos especiales, eligiéndose actores casi desconocidos para los personajes humanos. Pero para lograr cierto interés en los jóvenes, se escogieron actores y actrices guapas, casi angelicales, sacados de algunas de las series de televisión más populares y que encajaron en el filme lo mismo que un puñetazo en un ojo. El resultado es una mediocre película de ciencia-ficción, de la que podemos salvar con honor la media hora final, con una espectacular batalla en el planeta de los insectos y los soldados del espacio. Posiblemente la idea era combinar la ciencia-ficción con las escenas de acción militar tradicionales, mezclándola con algo de sátira social, aportando una violencia desmedida que en otro filme habría sido muy criticada. Estos soldados de infantería no parecen lo más adecuado para proteger a nuestro planeta de una invasión alienígena tan espantosa, e incluso sus armas parecen anticuadas en la época en la cual se desarrolla la historia, pero con un buen despilfarro de efectos especiales el final feliz llega inevitablemente.

Para sus detractores podría haberse titulado "Melrose Place en el espacio," con sus estrellas juveniles luciendo sus cuerpos en las duchas, chicas junto a los chicos, pero en el cine todo es posible, y aunque mueren con demasiada facilidad y rapidez, la verdad es que con esas arañas tan gigantescas no hay soldado que pueda.

Definitivamente no es una película para niños, especialmente cuando los protagonistas llegan a ese planeta habitado por las hordas alienígenas, lugar en donde se efectúa la más increíble de las batallas galácticas. En ese momento perdonamos al director todos los errores anteriores y nos rendimos a la evidencia: eso que vemos en un ejercicio de buen cine de acción y efectos especiales. Dicen que para evocar su niñez en Holanda durante la ocupación nazi, Verhoeven convirtió en una aventura épica la propaganda fascista, dando énfasis al riesgo que supone dar conformidad militar a la incorporación de jóvenes para la guerra.

INDEPENDENCE DAY
ID4 (1996)

Productor: Dean Devlin
Guión: Roland Emmerich, Dean Devlin
Fotografía: Karl Walter Lindenlaud
Efectos especiales: Clay Pinney
Director: Roland Emmerich

Intérpretes:
WILL SMITH: Steve Hiller
BILL PULLMAN: El presidente
JEFF GOLDBLUM: David
MARY McDONNELL
ROLAND EMMERICH: Ernie Anastos

97

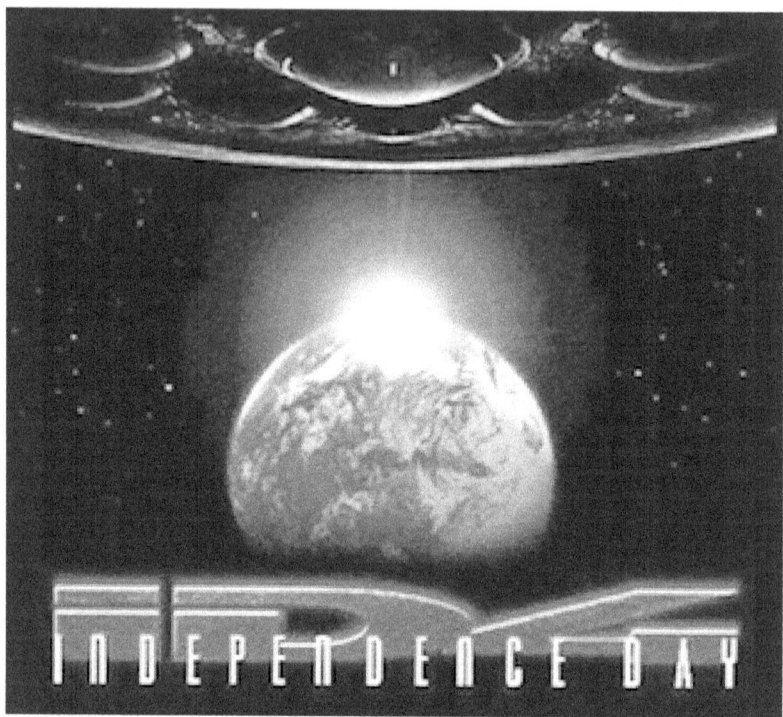

Los miles de neoyorquinos que se quejaban del agobiante verano no sabían lo que el destino les tenía reservados; dentro de unas horas un nuevo calor les dejaría totalmente abrasados. La mayor crisis de sus vidas estaba a punto de comenzar con una gran invasión de naves extraterrestres que iban a reducir su ciudad a escombros. Cuando son plenamente conscientes del horror, preparan sus maletas y tratan de escapar de la gran ciudad en medio de un gran atasco que hace imposible la huida. En ese caos aparece un simple ciclista que parece tener algo más en su mente cuando circula veloz entre el colapsado tráfico. Su nombre es David y además de ser el primero que descubrió a los extraterrestres en la atmósfera es quien está a punto de saber cómo rechazarles. El día elegido para la gran invasión es el 4 de julio, el Día de la Independencia americana, una fecha en la cual la mayoría de los habitantes están de fiesta.

El artífice de esta nueva y espectacular amenaza alienígena es Roland Emmerich, un director casi desconocido a quien habíamos visto anteriormente en *Stargate,* otra buena obra del cine de ciencia-ficción. Este hombre, de origen alemán, tiene una virtud que no poseen la mayoría de los productores de Hollywood, y es que puede ser capaz de hacer una película de fantasía y efectos especiales con la mitad del presupuesto habitual, y, además, convertirla en éxito mundial. No es una persona que guste derrochar el dinero disponible ni de realizar numerosas tomas para encontrar la más idónea. Tampoco cree imprescindibles los nuevos avances en tecnología digital para los efectos visuales y con frecuencia confía más en el viejo sistema de las maquetas.

Para lograr mezclar ficción con realidad empleó el tradicional modo de rodar las escenas de pánico colectivo en una calle adecuadamente cortada al tráfico. Posteriormente, en el estudio, realizó una fiel reproducción a escala de los edificios más emblemáticos que se iban a destruir, los hizo explosionar adecuadamente y fundió ambas escenas con el resultado tan bueno que ya sabemos. Como dato curioso, hay que mencionar que la ciudad de Nueva York es en realidad un par de calles de Los Angeles, a las cuales se añadieron en el laboratorio el Empire State y el edificio Crysler, entre otros.

La película es un remake de *La guerra de los mundos* y emplea numerosos puntos en coincidencia con ella, tanto en el escudo protector de las naves alienígenas como en la forma de ser aniquilados. En la primera película los marcianos mueren a causa de las bacterias que pueblan nuestro aire habitualmente, mientras que ahora lo hacen por un virus...informático.

El resultado fue una de las películas más taquilleras en la historia del cine, y   para quienes somos entusiastas del género de ciencia-ficción, "Independence Day" posee unos 45 minutos iniciales memorables que hacen perdonar la mayoría de los fallos posteriores que nunca debieron realizarse y que son exclusivamente obra de los guionistas.

El problema es que Roland Emmerich (*Stargate, Godzilla,* y *El día de mañana),* parece empeñado en escribir él mismo los guiones que luego dirige, pero creemos que debería dejar este trabajo a alguien más cualificado. Disponiendo siempre de una buena historia, apenas transcurridos los primeros 45 minutos todo se empobrece a unos extremos paupérrimos, fallando ya los diálogos, la intriga y hasta la misma acción, lo que en una película de este estilo es un desastre.

Jeff Goldblum indudablemente se mueve bien en cualquier ambiente, pues posee una expresión invariable en su rostro, como si estuviera de paso y los problemas de producción no le afectaran. Desde que le vimos en `Into the Night' sabíamos de su versatilidad para estar en cualquier ambiente, incluso entre dinosaurios, pero seguimos pensando que no acierta en la mayoría de los personajes que interpreta. Will Smith, curiosamente, encaja mejor en esta historia de intrépidos norteamericanos convencidos de que podrán eliminar a los extraterrestres, aunque sea a base de palabrotas.

EL QUINTO ELEMENTO
The Fifth Element (1997)

Productor: Patrice Ldoux
Fotografía: Thierry Arbogast
Efectos especiales: Digital Domain
Guión: Luc Besson, Robert Mark Kamen
Música: Eric Serra

Intérpretes:
GARY OLDMAN: Jean-Baptiste Emanuel
BRUCE WILLIS: Korben Dallas
MILLA JOVOVICH: Leeloo
IAM HOLA: Vito Cornelius

Intento europeo, básicamente francés, de ofrecer una película de ciencia-ficción que pudiera competir con las norteamericanas. El resultado no ha podido ser mejor y nos encontramos con una de las mejores películas de la década, no solamente en el aspecto tecnológico sino, lo más importante, en un guión perfectamente elaborado. Mientras que los espectadores han criticado duramente la poca consistencia de las historias contadas por los norteamericanos, en esta ocasión el argumento de "El quinto elemento" es tan extraordinario como el conjunto del filme.

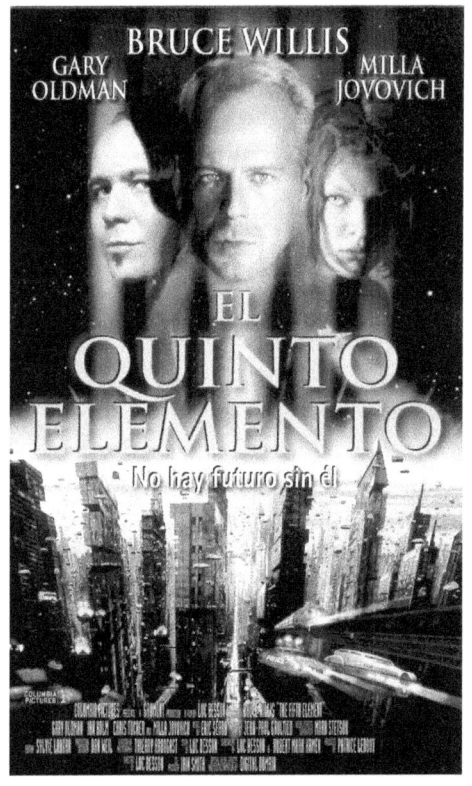

Con una mezcla extraña entre seriedad y humor, y una narrativa más cerca de la comedia que del thriller, podemos encontrar con un poco de imaginación referencias a "Heavy Metal" y *La guerra de las galaxias*, todo mezclado de manera eficaz que nos lleva a entusiasmarlos por este logro europeo. Los numerosos elementos incorporados a la historia básica no nos apartan ni por un momento del eje que nos interesa, pero sirven para que nos demos cuenta hasta qué punto los guionistas trabajaron arduamente. Si analizamos la presencia de ese locutor afeminado, la sexualidad de la guapa protagonista, tan débil como poderosa, y a una increíble cantante multicolor que muere cuando apenas si habíamos empezado a amarla, nos daremos cuenta que todo está puesto en el momento adecuado para provocarnos nuevas sensaciones.

Con diálogos correctos, buenos efectos sonoros, y una música más allá de nuestras expectativas, la película es un regalo para los sentidos, especialmente por las actuaciones de Bruce Willis,

Milla Jovovich, y Gary Oldman, quienes apenas logran atraer la atención cuando sale a escena ese torbellino de Chris Tucker, como la celebridad amanerada, quien les supera y arrolla.

CONTACT
Contact (1997)

Productor: Robert Zemeckis y Steve Starky
Director: Robert Zemeckis
Guión: James V. Hart y Michael Goldenberg
Basado en la novela de: Carl Sagan
Fotografía: Don Burgess
Música: Alan Silvestri
Vestuario: Joanna Johnton

Intérpretes:
JODIE FOSTER: Dra. Eleanor Arroway
MATTHEW McCONAUGHEY: Palmer Joss
JAMES WOODS: Michael Kitz
JOHN HURT: S.R. Hadden
TOM SKERRITT: David Drumlin
JENA MALONE: Ellie

Uno de mis temas preferidos cuando era niño eran los viajes a mundos muy remotos, donde solamente hubiera felicidad y emociones. La contemplación del firmamento estrellado era el escenario adecuado para recrear estos mundos, y con el paso de los años me he dado cuenta de que no soy el único, pues hasta escritores tan extraordinarios como Carl Sagan, han pensado cosas similares. Para muchos, sin embargo, la vida en otros planetas choca frontalmente con las religiones, tan aferradas a la vida terrestre que no son capaces de comprender la razón para la existencia de tantos millones de galaxias. El problema es que nadie tiene todas las respuestas, y posiblemente ni siquiera tengamos una sola de ellas, y el guionista ha pretendido en los 15 últimos minutos de la historia explicarnos lo que hasta ahora nadie ha sido capaz, dejándonos con un mal sabor de boca después de haber disfrutado con el resto del filme.

Cuando la película fue estrenada ya había muerto Carl Sagan, por lo que no sabemos su opinión sobre el filme, aunque estamos seguros que representaba la esencia de su novela. Desde las primeras imágenes, pasando por la búsqueda implacable y apasionada de la protagonista para entender lo que significaban esas señales procedentes

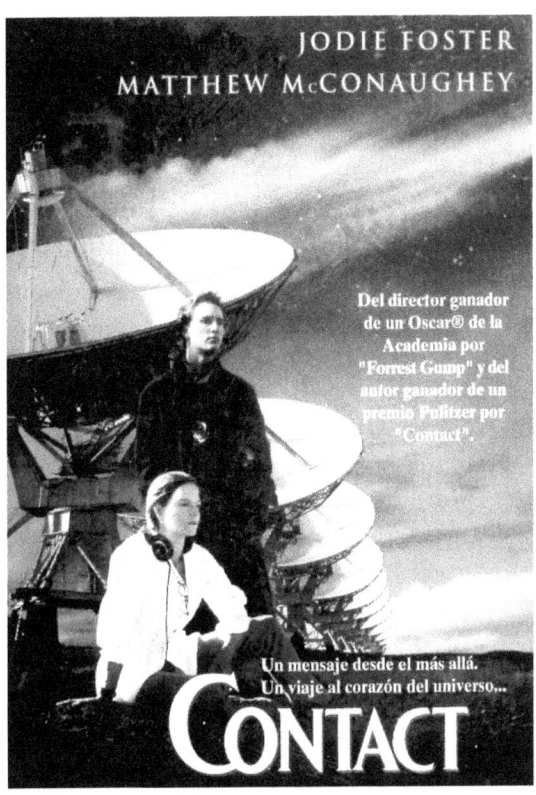

del espacio, hasta llegar al viaje final, todo es un ejercicio de puro cine de aventuras, pero con una belleza filosófica poco común.

El eje de la historia es la doctora Eleanor Arroway, quien después de años de investigación halla la prueba de radio definitiva de la presencia de extraterrestres inteligentes que envían planos para una máquina misteriosa. En un principio, nadie considera que ella sea la persona más adecuada para tener el primer contacto con seres de otro planeta y solamente su tesón y sus razonamientos consiguen que sea incluida en el programa para acudir a la estrella Vega. Pero el primer intento es un fracaso a causa de un sabotaje terrorista y deben construir otra nave la cual, por fin, logra realizar ese viaje estelar. El problema es que para los terrestres la nave nunca ha despegado y, por tanto, no ha habido viaje, aunque Eleanor afirma rotundamente que estableció el contacto y que en realidad se trata de dos mundos gemelos. Pronto descubre el gran paralelismo que existe entre los creyentes en Dios y su propia experiencia: no tiene pruebas de su viaje a otros mundos, pero está convencida de que fue real.

La parte del trabajo de Eleanor en la película es muy emocional y se va transformando en cada conversación, especialmente cuando se encuentra con una simulación de su fallecido padre en otro mundo. Para ella, que apenas conoció a su verdadero padre, fue una experiencia profunda bien descrita en la novela de Sagan. Todo lo que pasó antes, especialmente en su infancia, y que dejó una herida profunda dentro de ella, estaba curándose gracias a la película.

Foster dedicó muchas horas libres en Seattle a estar con Carl Sagan durante sus últimos días, y con su esposa (productora de "Contact") Ana Druyan, hablando sobre el desarrollo de la película y los problemas de la dirección.

La Academia galardonó al director de "Forrest Gump" y al premio Pulitzer autor de "Contact", con un premio por la primera toma de contacto con el corazón del universo. Cuando llega un mensaje del espacio profundo, ¿quién será el primero en ir? Esta es la historia básica: una jornada al corazón del universo.

La película fue un rotundo éxito de público y crítica y ya hay quien la compara con *2001: una odisea del espacio*. Los efectos especiales, aunque no son los protagonistas de la historia, aportan buenas escenas en la recreación de la nave alienígena Vaina, durante las escenas de Foster dentro de la nave y en su contacto con el nuevo mundo. Como ya sabemos, el autor de la novela original, el escritor Carl Sagan, murió antes de poder ver terminada la película, pero antes consiguió aportar a todo el equipo una nota de filosofía e interés por lo desconocido, afirmando que lo desconocido es aun más interesante que lo conocido.

HOMBRES DE NEGRO
Men in black (1997)
Men in black II (2002)

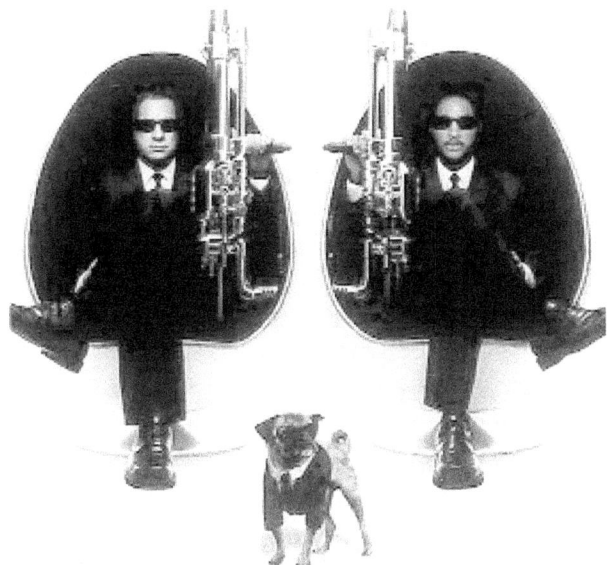

Música: Banny Elfman
Efectos especiales: IL&M
Fotografía: Don Peterman
Basada en el cómic de: Lowell Cunnigham
Guión: Ed Solomon
Productor ejecutivo: Steven Spielberg
Director: Barry Sonnenfeld

Intérpretes:
TOMMY LEE JONES: Kay
WILL SMITH: Junior
LINDA FIORENTINO
VINCENT O'NOFRIO
RIP TORN

Afortunadamente no estamos solos en este mundo y ahora sabemos que disponemos de unos señores, los MIB, que controlan todas las actividades de los extraterrestres. Para que el secreto no se propague disponen de un sencillo método: dicen que les van a hacer una foto, sacan una minicámara en forma de bolígrafo, disparan el flash y en ese momento olvidan todo lo que han visto. Si en el instante del disparo han cerrado los párpados hay que repetir, aunque afortunadamente no es frecuente. Cuando salen del trance preguntan: ¿Qué pasó? y los hombres de negro les cuentan cualquier tontería.

Según el director Barry Sonnenfeld lo que pretendía era hacer algo similar a "French Connection", pero con extraterrestres. En lugar de poner a los servicios secretos, ahora nos muestra a una agencia secreta que supervisa a los alienígenas mediante los Hombres de Negro. No sabemos si son marcianos o de otro sistema solar, esencialmente porque lo mantienen en secreto, tan profundamente que el resto del mundo no sabe que están a nuestro alrededor desde hace años. Bueno, en realidad solamente lo saben en esa oficina delirante, puesto que ni los jefes de gobierno están al tanto.

La Tierra necesita imperiosamente esa agencia de MIB porque, en una galaxia llena de maravillas, el Cinturón de Orión, están enfadados porque les han robado algo valioso que tiene un gato en su collar. Para estos extraterrestres nosotros, los humanos, somos poco menos que escoria así que o les devolvemos su tesoro o nos aniquilan. Pero el agente Kay (Tommy Lee Jones) y sus cohortes se han pasado los últimos 30 años diseñando una alta tecnología para conseguir que los habitantes de la Tierra estén tranquilos y no van a consentir que se realice el desastre.

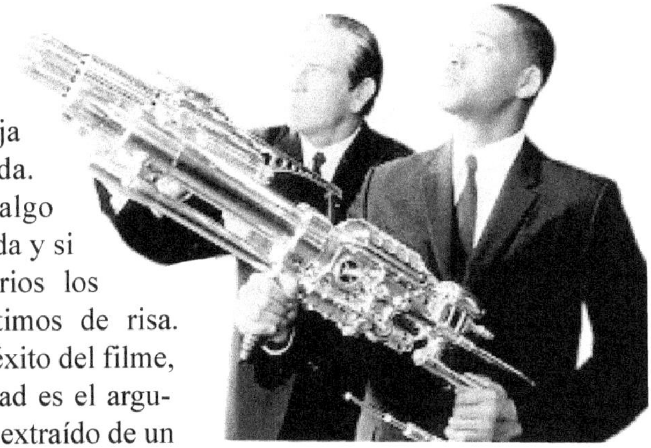

La actuación de Smith y Jones, tan opuestas, encajan lo mismo que una pareja de novios malavenida. Cuando uno dice algo cómico el otro se enfada y si pretenden ponerse serios los espectadores nos partimos de risa. Ellos son la mitad del éxito del filme, puesto que la otra mitad es el argumento, como sabemos extraído de un cómic. Sin embargo, siempre nos hemos preguntado qué sería del filme sin la presencia de estos dos actores tan dispares y carismáticos, ya que la historia decae justamente cuando ambos nos están en la pantalla. Ellos parecen disfrutar de este trabajo y estamos seguros que han contenido la risa en numerosas escenas, por lo que aceptamos con agrado que les hayan elegido, lo mismo que al equipo de efectos especiales de ILM y al director Barry Sonnefeld. Mucha comicidad, mucha acción, apenas algo de romance y unos malvados alienígenas que no sabemos si es que no supieron buscar una apariencia más hermosa o deseaban llamar la atención a toda costa.

EXPEDIENTE X
(1998)

Director: Rob Bowman
Guión: Chris Carter, Frank Spotnitz
Música: Mark Snow

Intérpretes:
DAVID DUCHOVNY: Fox Mulder
GILLIAN ANDERSON: Dana Scully
MARTIN LANDAU: Alvin Kurtzweil
ARMIN MUELLER-STAHL: Conrad

107

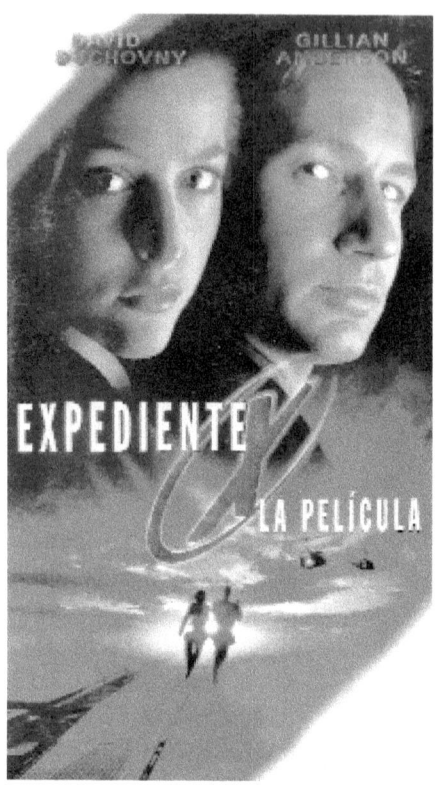

Era un acontecimiento esperado por millones de fans del mundo entero, y por ello la película se razonó y cuidó con especial esmero, pues cualquier error podría suponer una pérdida de la popularidad de la serie de televisión. Según el director Rob Bowman, lo principal era que este episodio cinematográfico fuera casi uno más de los habituales y no una historia sin ninguna conexión. Inicialmente el argumento fue bautizado como "Proyecto Manhattan" y a través de las páginas de Internet se especuló durante mucho tiempo sobre la historia básica. Hablaban de lagartos alienígenas, misterios en torno a la familia de los agentes y hasta un desnudo integral de Scully haciendo el amor con Mulder. Todos estos rumores es posible que fueran filtrados hábilmente por la productora, con el fin de mantener un gran interés por lo que debería ser la película de la temporada.

El rodaje se hizo con el mismo secreto y ahora sabemos que fue en Vancouver, Britis Columbia y California, eligiéndose un pequeño pueblo para no llamar excesivamente la atención. El resultado de este entramado fue lo esperado y la película constituyó un éxito absoluto en todos los países.

"Expediente X" es fiel a su origen televisivo y mantiene todos los personajes habituales y nos recuerdan situaciones e incógnitas que han servido para mantener el entusiasmo de sus seguidores. Vemos a Mulder y su familia, al director auxiliar del FBI Walter Skinner (Mitch Pileggi) y al resto de los investigadores interpretados por John Neville, Dean Haglund y Tom Braidwood, además de la incorporación bastante acertada de Martin Landau, ganador de un Oscar.

Comedida en la recreación de los efectos especiales y con un final sorprendente, es muy posible que pronto veamos una continuación en el cine, demostrando que el fenómeno "Star Trek" puede repetirse.

PHANTOMS
(1998)

Director: Joe Chappelle
Guión: Dean Koonitz
Basada en la novela de: Dean Kloonitz

Intérpretes:
PETER O'TOOLE: Tabloid
ROSE MCGOWAN
JOANNA GOING
LIEV SCHREIBER
BEN AFFLECK: Sheriff

Una fuerza desconocida permanece oculta en La Tierra durante años, hasta que un día decide salir de nuevo para darse un festín. Es un ser diabólico que gusta ser como un dios, pero asustando y destrozando a los sufridos mortales. Afortunadamente hay dos guapas chicas que están haciendo turismo en ese pueblo y en lugar de bailar deciden hacerle frente con la ayuda del sheriff. Cuando las dos hermanas llegan a esa extraña ciudad de Colorado todo aparece vacío, salvo con dos cadáveres, creándolas un pánico atroz que solamente consigue mitigar el sheriff y sus dos ayudantes, quienes pronto deben pelear con una fuerza feroz que permanece debajo de la tierra

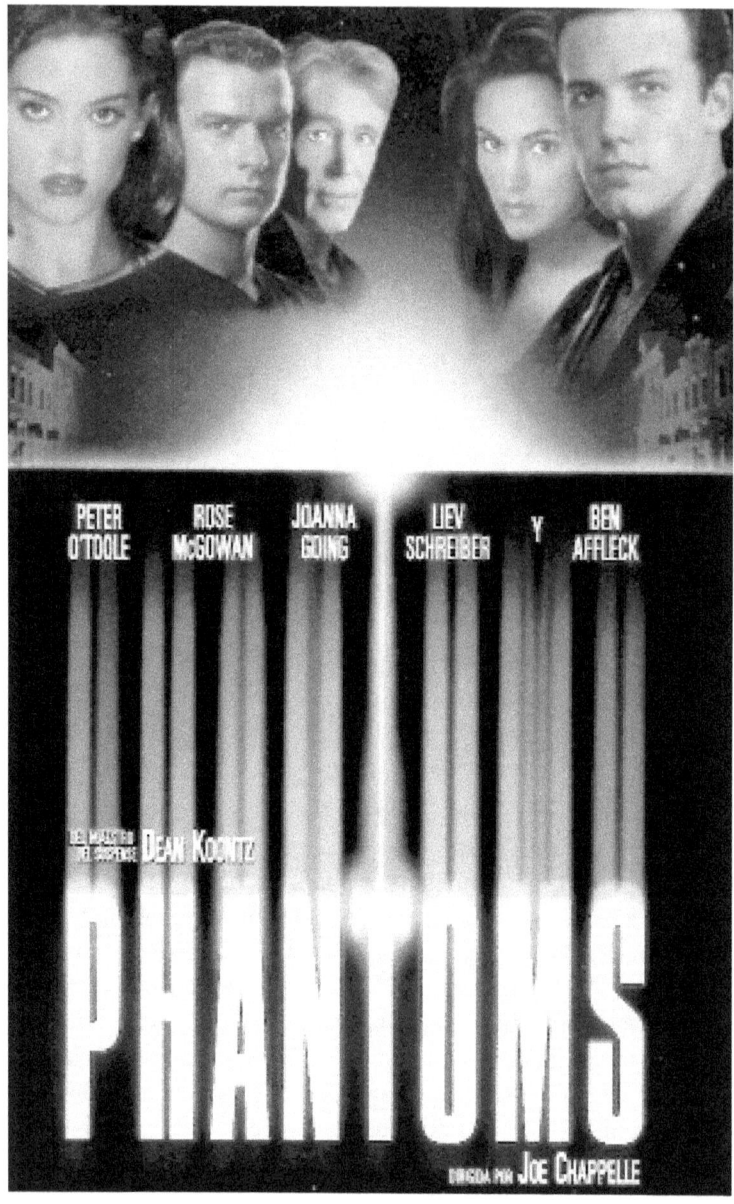

desde hace siglos. Ahora ha emergido, aunque todavía necesita la ayuda de un periodista conocido como Tabloid. Pronto llegan al lugar fuerzas especiales del ejército, pero solamente sirven como sabroso alimento para el maligno, quien por razones desconocidas no acierta a hincar el diente en ninguna de las preciosas chicas.

Hábilmente dirigida por Joe Chapelle y sin demasiados efectos especiales, el filme transcurre provocando el necesario interés y terror en el espectador. A destacar, el rescate para el cine de esa leyenda que es Peter O'Toole, el cual sigue conservando su aureola de buen actor desde que interpretó "Lawrence de Arabia".

ESFERA
Sphere (1998)

Director: Barry Levinson
Productor: Barry Levinson, Michael Crichton, Antrew Wald y Peter Giuliano.
Guión: Michael Crichton, Stephen Hauser y Paul Attanasio
Basado en la novela de: Michael Crichton
Fotografía: Adam Greenburg
Música: Elliot Goldenthal

Intérpretes:
DUSTIN HOFFMAN: Dr. Norman Goodman
SAMUEL L. JACKSON: Harry J. Adams
SHARON STONE: Dr. Beth Halperin
PETER COYOTE: Capitán Harol Barnes
QUEEN LATIFAH: Fletcher
LIEY SCHREIBER: Ted
MARGA GÓMEZ: Edmunds

La mayoría de las personas que han visto esta película no habrán leído la novela y saldrán ganando con ello, pero quienes han tenido la fortuna de leerla la considerarán una de las mejores obras de Crichton y por eso saldrán confundidos al ver la película. Yo estoy en ese grupo de personas que han leído el libro, y aunque me ha gustado la considero de menor interés que "Parque Jurásico" y "Sol Naciente". Aparentemente, leer primero el argumento original siempre ayuda a entender rápidamente una película, pero también nos quita parte de la emoción, como cuando alguien nos dice quién es el asesino. Por eso pedimos a los productores que hagan las películas antes de que las novelas salgan al mercado o que al menos les cambien el final.

"Esfera" es una de esas películas que reúnen muchos ingredientes para triunfar pero se quedan a medio camino. Desde el punto de vista de los críticos no es buena y alegan que la acción es adecuada pero nada memorable, que la historia es confusa, y el desarrollo de los personajes poco creíble. A mí, como escritor, nunca me ha importado la opinión de los críticos, puesto que me considero ante todo un simple espectador, pero algo de razón tienen sobre esta película. Aunque sigue el libro más estrechamente que la mayoría de las otras adaptaciones de Crichton, las pocas diferencias que aporta no son adecuadas y parecen efectuadas solamente para poder incluir buenos efectos especiales.

Ambos actores, Hoffman y Stone, consiguen unas buenas actuaciones, aunque la presencia de Sharon Stone la consideramos forzada. Jackson probablemente es el mejor de todos, mientras que Schreiber está mejor de lo habitual. La película empieza la narrativa de manera muy directa y entra correctamente en la acción, y por eso durante los próximos 80 minutos atrae nuestra atención. Pero pronto la dinámica se hace lenta, y se concentra demasiado en los personajes justo en un momento totalmente innecesario. Afortunadamente se recupera en los últimos minutos y nos ofrece un final extraordinario e interesante.

Hay un buen trabajo a costa de los especialistas en FX, sobre todo en cuanto a la propia esfera, mezcla de plástico y holografía. Hay también algunos grandes momentos de ansiedad (nada que nos asuste realmente porque ya estamos curtidos en cuanto a bichos se refiere), pero lo suficiente como para conseguir que nuestras pulsaciones aumenten un poco hasta el borde de la taquicardia. Como parte negativa, la música incorporada a esos momentos de tensión, la cual en ocasiones está sumamente desacertada y nos quita el escalofrío que nos empezaba a inundar. Nuestra opinión es que para crear terror no basta con poner la música muy fuerte, con grandes tonos bajos, sino que debe formar parte de la misma historia y no distraer.

El equipo de exploración está compuesto de un psicólogo (Dustin Hoffman), un matemático (Samuel L. Jackson), una bioquímica (Sharon Stone), y un astrofísico (Liev Schreiber), quienes se introducen en la nave alienígena que alberga una misteriosa esfera. Lo que no saben es que la esfera tiene el poder para manipular sus pensamientos y percepciones, y antes de que se den cuenta ya les hace vivir una gran cantidad de visiones aterradoras que les ocasiona comportamientos paranoides. ¿Quién puede confiar en el otro? ¿Cuál es el propósito de la esfera, y por qué está en el fondo del océano? Por supuesto, la esfera posee el secreto, pero no hace ningún esfuerzo para contestar a estas preguntas, lo que lleva al espectador a numerosas confusiones, tantas como las que viven los protagonistas. Hay momentos de alta intensidad dramática, física y psicológica, dentro del cual se mueven con cierto desatino los actores. Poco a poco nos aclaran que una nave espacial lleva 300 años en el fondo del mar y que es capaz de crear situaciones en la mente de los protagonistas que se confunden con las vivencias reales. El espectador también vive las mismas situaciones, y nunca sabe cuándo es un sueño o una realidad. Poco a poco desconfiamos de todos, hasta del director para conducirnos por el complejo argumento, pero pensamos que cuando la veamos por segunda vez todo estará más claro. Nuestro alienígena, en esta ocasión, es tan sutil que nos hace desconfiar también de él aunque, afortunadamente, está tan inmóvil que pensamos que echando a correr todo se solucionaría. Pero seguimos en la butaca hasta el final.

HÉROES FUERA DE ÓRBITA
Galaxy Quest (1999)

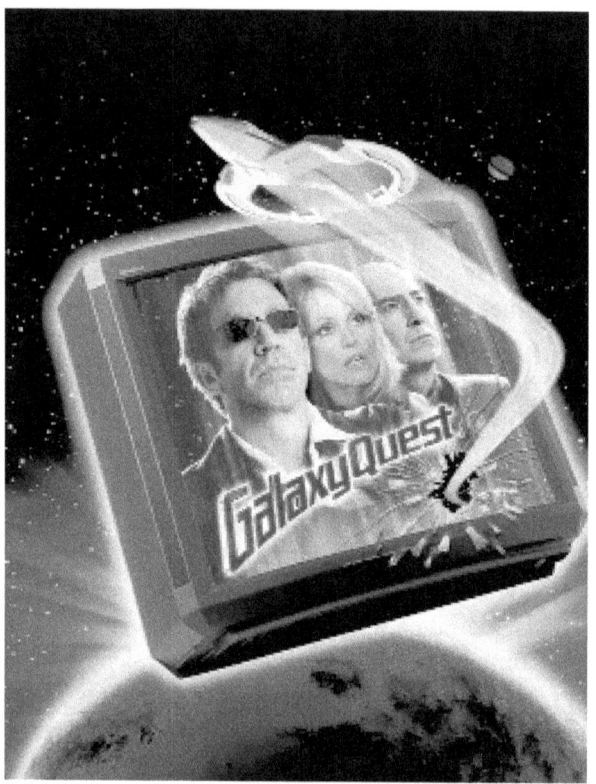

Guión: Robert Gordon y David Howard
Director: Dean Parisot y Jerzy Zielinski

Intérpretes:
SIGOURNEY WEAVER: Gwen DeMarco
TIM ALLEN: Comandante Taggart
ALAN RICKMAN: Alexander Dane
TONY SHALHOUB: Fred Kwan
ENRICO CALANTONI: Thermian Mathesar

Una comedia satírica sobre la pasión que algunas series de televisión, en concreto *Star Trek*, ocasionan a varias generaciones de aficionados. Los problemas que los actores de culto de esta emblemática serie de ciencia-ficción tienen a causa precisamente de sus personajes, quedan perfectamente definidos cuando les vemos soportando, más que disfrutando, de su popularidad. Sus desventuras, sin embargo, no han comenzado aún, pues una raza alienígena real llega a la Tierra para pedirles su ayuda.

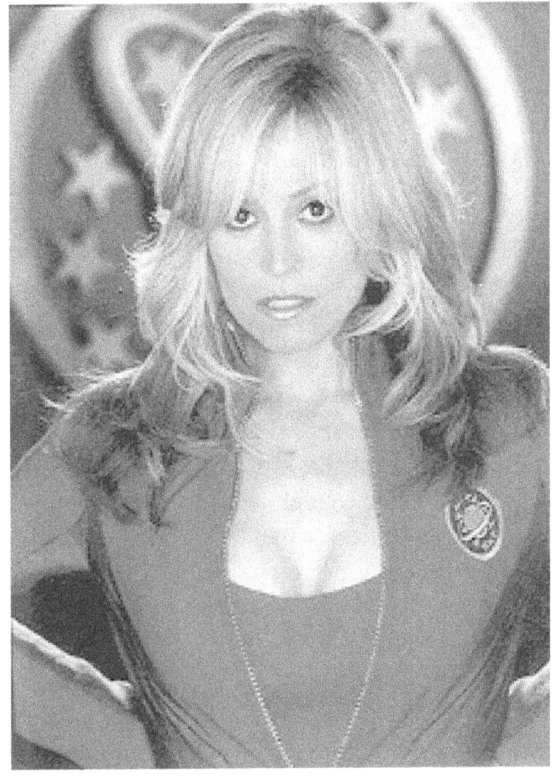

Ellos han visto todos los capítulos de la serie de televisión y los han confundido con los noticiarios terrestres, por lo que consideran a nuestros populares actores como reales guerreros galácticos. Su problema es que han sido invadidos por el malvado general Sarris, quien pretende igualmente apoderarse de la Tierra. En ese momento, los actores se dan cuenta de su destino y a bordo de una réplica fiel de su nave estelar, construida por los extraterrestres, emprenden el difícil camino de salvar a todo el Universo.

La película, pues, navega entre la parodia, la crítica y la denuncia hacia los medios de comunicación, mientras nos lleva a un viaje por el espacio lleno de efectos especiales y buenos chistes, sin olvidar la presencia de una, más que nunca, bellísima Sigourney Weaver. En esta ocasión, nuestra heroína retoma su papel de eficaz soldado intergaláctico y con golpes de Kung-fú y un escote deslumbrante, consigue que el espectador no salga defraudado.

Aunque la historia parece pensada para atraer a los fans de *Star Trek,* lo cierto es que no hay que ser un fan de la serie para disfrutar de esta parodia realista. Las angustias de esos personajes de carne y hueso, tan malavenidos que parece imposible que puedan haber rodado tantos episodios, asistiendo a numerosas convenciones y promociones, con fans que les exigen mostrarse básicamente como los personajes que han interpretado, está maravillosamente reflejada. Pero cuando todo parece reducirse a un problema sentimental, he aquí que aparecen Los Terminas, quienes convencidos de que disponen de "los documentos históricos", les demandan ayuda, para su mundo y el nuestro, ya que las cosas no son de ficción galáctica, sino una tenebrosa realidad.

K-PAX
(2001)

Dirección: Iain Softley
Guión: Charles Leavitt; basado en la novela de Gene Brewer
Producción: Lawrence Gordon, Lloyd Levin y Robert Ecolesberry.
Música: Edward Shearmur
Fotografía: John Mathieson

Intérpretes:
KEVIN SPACEY: Prot
JEFF BRIDGES: Dr. Mark Powell
MARY MCCORMACK: Rachel Powell
ALFRED WOODARD: Dr. Claudia Villars
DAVID PATRICK Kelly: Howie
SAUL WILLIAMS: Ernie

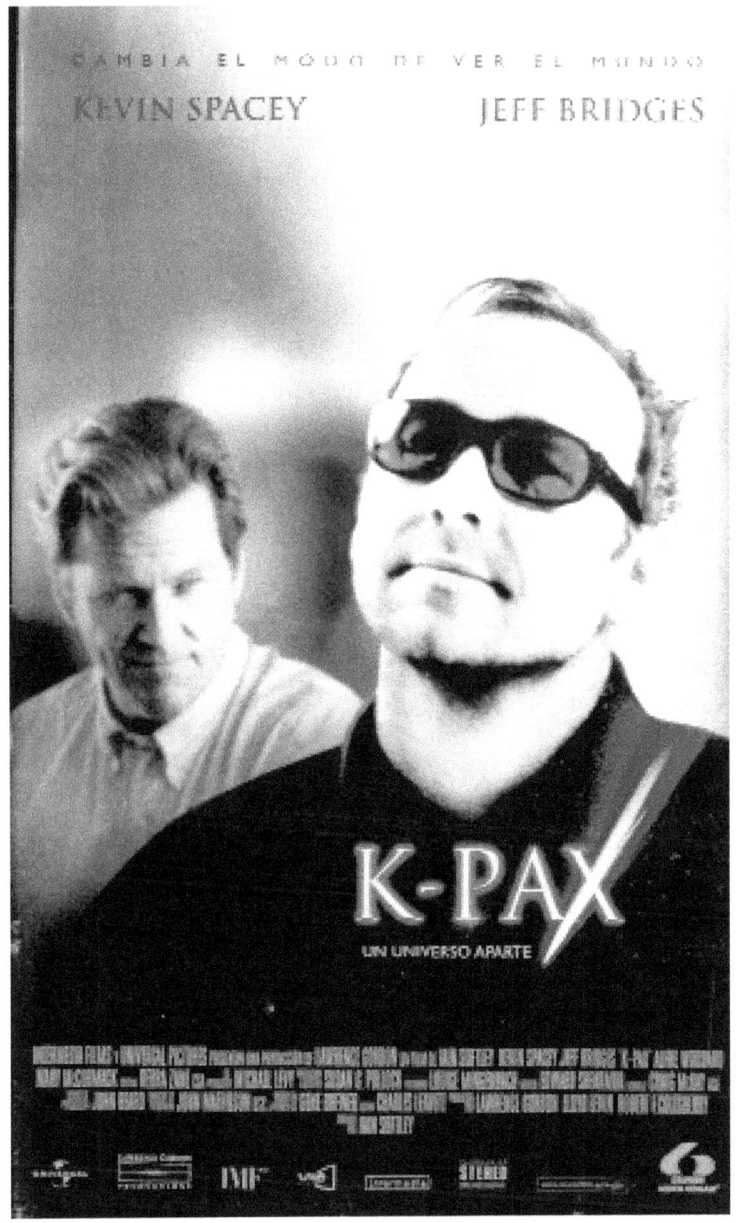

Esta co-producción germano-americana, nos muestra a un eficaz aunque inexpresivo Kevin Spacey, encarnando a un inofensivo hombre detenido en la Estación Grand Central tras producirse un atraco. Él dice que es un extraterrestre proveniente del planeta K-Pax, por lo que enseguida le meten en el manicomio. En realidad no ha cometido ningún delito, pero como temen que contagie a alguien le llevan hasta Jeff Bridges, un experto psiquiatra de un hospital público con falta de personal. Allí pronto descubre que ese aparentemente loco que se autodenomina Prot, no tolera la luz del sol porque su planeta es más oscuro. Indudablemente el paciente alucina, pero es tan inteligente y sabe tanto de astrofísica que el psiquiatra Powell empieza a creerle. Afortunadamente el extraterrestre de cara bondadosa tiene planeada la vuelta a su planeta situado a 1000 años luz de la Tierra, y simplemente deja pasar los días ante el estupor de quienes le tratan.

Basada en la novela de Gene Brewer de 1995, y con bastantes similitudes con Starman, casualmente interpretada por Jeff Bridges, la trama nos recuerda también a "Alguien voló sobre el nido del cuco", con multitud de psiquiatras libres, mientras sus pacientes están encerrados.

FANTASMAS DE MARTE
Ghost of Mars (2001)

Dirección y guión: John Carpenter

Intérpretes:
NATASHA HENSTRIDGE: Melanie Ballard
ICE CUBE: Desolación Williams
CLEA DUBAI: Bashira Kincaid

Nos encontramos en Marte, en el año 2176, aunque bien podría ser cualquier lugar de la Tierra. Indudablemente el planeta sigue rojo, pero con una ligera atmósfera que permite que los terrestres puedan respirar mediante una dosis extra de oxígeno en pastillas. Allí se encuentra una mina llena de minerales interesantes, además de un convicto acusado de ser un asesino despiadado. Realmente no nos parece nada sangriento cuando le conocemos y hasta tiene cara de buen chico, pues el sobrenombre de Desolación Williams nos habla de soledad, no de sangre. Luego llega esa guapa y poderosa teniente Melanie, encarnada por Natasha Henstridge, a quien los aficionados recordarán por su papel en *Species* y su interés por mostrarnos sus abundantes y bien colocados pechos.

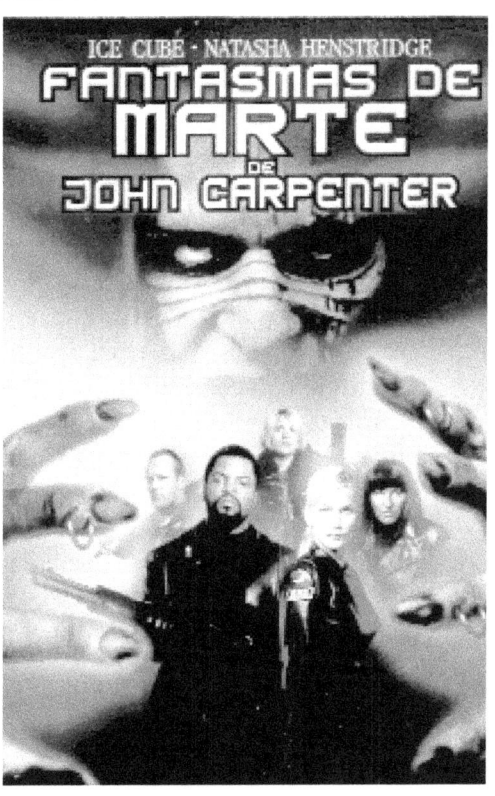

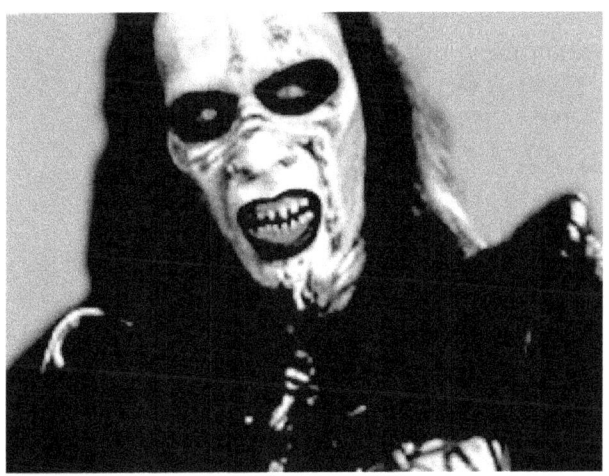

119

El planeta rojo ya no tiene buena fama en el cine, ni es tan romántico como la Luna, pues además ahora nos lo han llenado de unos habitantes fantasmales que necesitan introducirse en un cuerpo humano para andar por la vida. Y por eso, cuando nuestros amigos policías llegan hasta el planeta se encuentran con los espectros más pavorosos de la historia, a quienes combaten con sus inagotables armas.

La historia no parece que da para mucho, pero el bueno de Carpenter es capaz de evitar que nos inunde el sopor de los primeros 30 minutos y justo cuando habíamos decidido irnos del cine nos introduce en un ambiente claustrofóbico, obligándonos a disfrutar del resto. Y es que su secreto en la dirección parece estar en eso, en despistar al espectador haciéndole creer que todo está mostrado, que la historia es vulgar, pero finalmente sabemos que nunca es así. Los efectos especiales son rudimentarios, con maquetas en tropel, pero si somos un poco miopes ni nos daremos cuenta.

EVOLUTION
(2001)

Director: Ivan Reitman
Guión: Don Jakoby

Intérpretes:
DAVID DUCHOVNY: Ira Kane
JULIANNE MOORE: Allison
ORLANDO JONES: Harry
DAN AYKROYD: Lewis

De nuevo los alienígenas escogen nuestro planeta para sentar sus posaderas, o sus patas, y al igual que hicieron en *La guerra de los mundos* emplean el tradicional y rápido sistema del meteorito para arribar y así extender su semilla galáctica. Su plan está tan bien elaborado que consiguen casi su propósito, sino fuera porque un pequeño grupo de científicos desquiciados se encargan de recuperar los territorios perdidos. Las sorpresas, y los problemas, comienzan cuando se dan cuenta que esos alienígenas han conseguido realizar el prodigio de la evolución de las especies en apenas unos días, pasando de ser organismos unicelulares a eficaces primates y posteriormente monstruos arrasadores de infelices humanos.

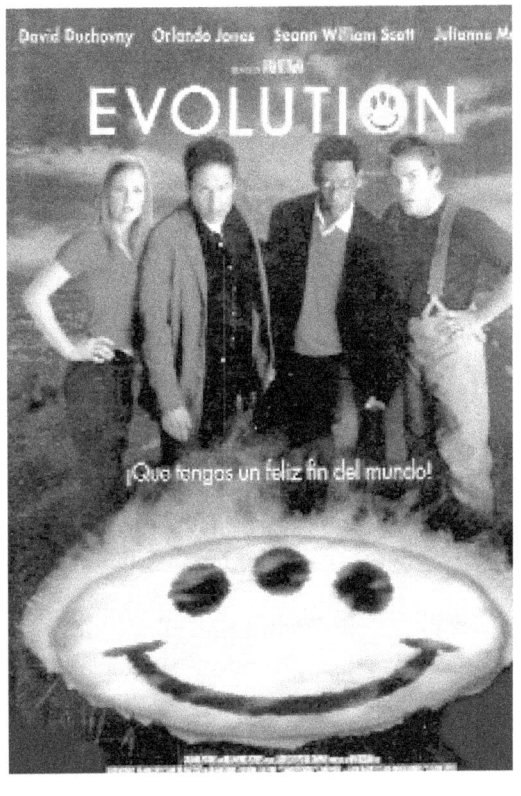

Interpretada por un casi despistado David Duchovny (Mulder, *Expediente X*), quien se aparta inadecuadamente del serio personaje que le hizo popular, y un siempre eficaz Dan Aykroyd, nos recrean esta nueva invasión ET con grandes dosis de humor. La gran traca final, apoteósica, nos proporciona un final tan delirante como el resto del guión, pues los aliens acaban siendo derrotados por unos cuantos litros de champú enriquecido en selenio.

SEÑALES
Signs (2002)

Productores: Night Shyamalan, Frank Marshall y Sam Mercer.
Guión: M. Night Shyamalan
Música: James Newton Howard
Director: M. Night Shyamalan

Intérpretes:
MEL GIBSON: Graham Hess
JOAQUIN PHOENIX: Merrill Hess
RORY CULKIN: Morgan Hess
ABIGAIL BRESLIN: Bo Hess
CHERRY JONES: Officer Caroline Pask
PATRICIA KALEMBER: Colleen Hess

La cinta gira alrededor de la misteriosa aparición de una serie de círculos y líneas enormes en las cosechas de la granja de una familia que vive en Bucks County, Pensilvania. Las señales son enormes, pues miden 152 metros de círculos y líneas talladas en los cultivos de la familia Hess. El jefe es Graham Hess, un antiguo sacerdote que perdió la fe cuando su mujer murió en un accidente, y está ayudado por su hermano, igualmente traumatizado, en su caso por haber sido el jugador de baseball que más fallos había tenido en la historia.

Esta producción tiene el mismo equipo técnico de las películas como "El Sexto Sentido" y "El protegido", pero contiene tal cúmulo de despropósitos que resulta difícil explicar cómo Mel Gibson aceptó entrar a formar parte de ello. Con una historia deshilvanada, un guión impropio de tal nombre, y unos personajes menos creíbles que un ángel subido en una tortuga, nos consiguen llevar sin problemas al tedio desde los primeros minutos. No puedo decidir qué personaje es el más desacertado, aunque creo que el del pequeño niño se puede llevar el premio mayor, con su voz y sus comentarios, acompañado por unas expresiones en su rostro que nos hacen pensar en que hasta la mula Francis conseguía interpretar mejor.

Para conseguir atrapar al espectador se introducen algunas escenas iniciales, con Rory Culkin haciendo el papel del hijo astuto, aquejado por el asma; Abigail Breslin, como la hija joven, casi perfecta; Joaquín Phoenix juega el tío, y por supuesto, a Mel Gibson, como Graham Hess, un ex-reverendo. Con premura se introducen también a los extraterrestres y la angustia por sobrevivir en la noche. Todo demasiado increíble y estereotipado como para que nos creamos eso de que está basado en un "historia real".

Después nos llevan a conflictos sentimentales para que no pensemos que se trata solamente de una invasión alienígena, pues el soporte emocional descansa en el conflicto interno de Graham. Ha perdido la fe y la esperanza, ya que la muerte de su esposa le ha dejado amargado y desilusionado. Ha abandonado la religión y ya no cree en que hay algo más grande y mejor fuera de allí. Para Graham Hess no hay milagros, apenas un paisaje triste y le asegura a su hermano que "estamos todos solos".

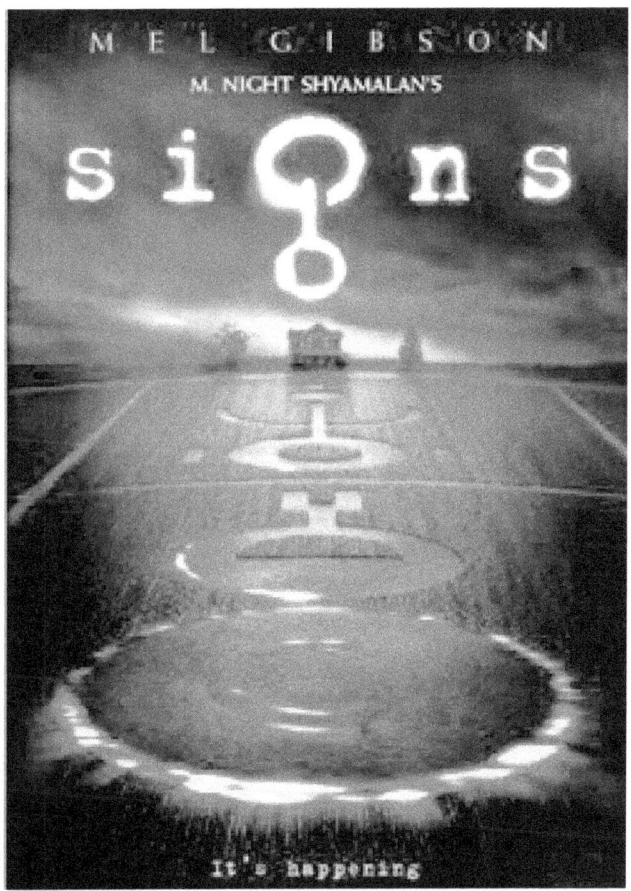

SEGUNDA PARTE:
ROBOTS

Cada uno tenemos nuestro concepto básico de lo que sería un robot perfecto, y en esta diferenciación hay cabida para casi todo. Por ejemplo, muchos hombres desearían tener una amante insaciable, sabedora de todos los trucos sexuales conocidos y por conocer, tan hermosa que ninguna otra mujer la pudiera hacer sombra. Las muñecas hinchables, tan perfeccionadas ahora que en la penumbra –dicen- es imposible distinguirlas de una mujer real, son el androide más popularizado, aunque parece ser que se desinflan con facilidad. No menos eficaces son los vibradores, y nos referimos ahora a las máquinas para fortalecer automáticamente los músculos sin apenas esfuerzo propio, y hasta los sillones que nos dan un masaje en la espalda mientras vemos la televisión. Estos elementos son ya casi de uso habitual, lo mismo que los minirobots de cocina que nos hacen lo mismo un puré que una salsa tártara; las lavadoras programables; las grabadoras de Vídeo o DVD que se ponen en marcha incluso cuando estamos en la calle, o esos programas de ordenador que son capaces de traernos sin costo alguno la última canción de nuestro cantante preferido, y además, mientras dormimos.

Estos ejemplos pueden servir de adecuada muestra para indicarnos que los robots están ya hasta en nuestros hogares, lo mismo que hay multitud de juguetes que se mueven, hablan, ríen y hasta se ponen enfermos si no les cuidamos. Todavía no hay ninguno como los que vemos en los cines, en ocasiones enormes y aterradores, pero no bajemos la guardia, pues una simple cadena de montaje de automóviles, tan automatizada, se podría convertir en un serio peligro si se descontrolara bruscamente, lo mismo que ocurriría si alguien fuera capaz de introducir un virus informático en una central nuclear o en la cámara acorazada de un banco, justo cuando un empleado está haciendo recuento.

Como prueba de que el futuro robótico está ya a nuestro lado, pensemos nuevamente en los ordenadores, esas máquinas pensadas para estar al servicio del ser humano. Un día cualquiera, ese aparato se negará a funcionar, o nos dejará colgados sin poder acceder a la información que necesitamos. Todo cuanto hemos escrito o manipulado pacientemente durante meses o años puede desaparecer si otro programa informático, un virus, decide manipular eficazmente la información y alterarla e incluso hacerla desaparecer. En ese momento la máquina se vuelve contra su amo y le demuestra que puede hacer lo que quiera y cuando quiera, y además, sin ninguna otra finalidad que ocasionar daño. Ciertamente podemos darle un fuerte golpe y destruirle, pero eso supondría nuestra propia desesperación y ruina, pues ya dependemos de él.

¿Y qué decir de un sistema antiincendio que no funciona cuando las llamas están consumiendo todo? ¿O de ese tren de aterrizaje que se resiste a bajar en el momento clave del aterrizaje? ¿No han pensado qué ocurriría si a una central eléctrica se le estropeara el mecanismo controlador que asegura la cantidad de voltios que llegará a cada hogar? No amigos, los problemas con las máquinas no son cosas de ciencia-ficción, pues los llevamos soportando ya desde hace décadas.

La creación del ROBOT

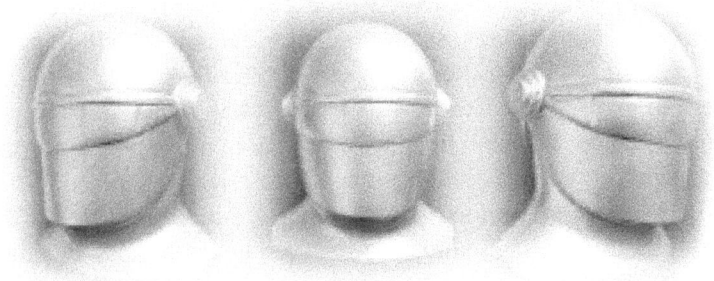

Los robots son un concepto antiguo, aunque la palabra "robot" se inventó en el siglo XX y se deriva del palabra checa "robota", algo que define un elemento pesado que es capaz de realizar trabajos forzados para servir al hombre. Pudiera ser que el término fuera acuñado por el dramaturgo checo Karel Capek en 1920. Jk. Capek (pronunciado Chop-ek) usó la palabra para describir los personajes centrales de su clásico de ciencia-ficción R.U.R. *(Rossum's Universal Robots),* en donde un científico viejo excéntrico llamado Rossum ha inventado a un criado artificial mezclando carnes y huesos humanos con otros medios biológicos y eléctricos. Él usa esta sustancia para conseguir su sueño: la creación de vida artificial. De conseguirlo, podría encontrar una respuesta a la existencia de Dios, además de poder demostrar que el Hombre con la ayuda de la ciencia, puede llegar a ser el amo del mundo.

Los experimentos de Rossum acaban en atrocidades y pierde su aureola de santo. Su sobrino, un moderno ingeniero, asume los experimentos, pero ahora con la única pretensión de crear algo práctico. La intención es construir el ayudante perfecto, y usando al hombre como modelo, efectúa un dinámico engendro, con pulmones, corazón, emociones y alma.

Los experimentos del joven Rossum tienen éxito, hasta tal punto en que los Robots Universales entran en una producción en masa, siendo distribuidos por todo el mundo a causa de la gran demanda. Inevitablemente, los robots son comprados también por naciones belicosas y se convierten así en desalmados ejércitos. Totalmente crueles y eficaces, destruyen el orden y diezman a la población, sea un soldado enemigo o civil desvalido. Por ello, los científicos ajenos a R.U.R. discuten la posibilidad de cerrar la fábrica de robots. Pero hay demasiados argumentos en contra para ello, pues se perderán miles de puestos de trabajo y multitud de criados mecánicos eficientes, reconociéndose que no por eliminar las máquinas el ser humano dejará de organizar guerras. Finalmente, los ejércitos robóticos deciden rebelarse, atacando a los humanos, incluso a sus propios amos. El fin de humanidad está cercano; habrá una purga y los robots gobernarán la Tierra. El problema es que no pueden procrear, ya que nadie pensó en esa forma tan placentera de continuar la especie, así que su final está próximo.

Praga, la ciudad natal de Capek, tiene una larga historia rica en leyendas y folklore, siendo en la actualidad el lugar preferido para el rodaje de películas tenebrosas e históricas. Capek encontró su inspiración en una de estas historias, concretamente en "Golem", una palabra hebrea que quiere decir "embrión." Se dice que el rabino Judah Loew creó a un hombre gigantesco con arcilla para proteger a los judíos de Praga de sus enemigos en el siglo XVI. Este monstruo sintético, mayor que cualquier ser humano, consiguió nacer gracias a la palabra "shem" (uno de los nombres de Dios). Hay varios finales para la leyenda, aunque el más divulgado declara que finalmente el Golem se rebeló y atrajo la desgracia en el hogar de su creador, porque fue empleado para propósitos poco dignos y no para trabajos humanitarios. El Golem era una herramienta poderosa, un regalo de Dios, y necesitaba para su control una mente altruista y experimentada.

Mary Shelley también parece que estuvo influida por el veloz progreso tecnológico de su tiempo que estaba alterando su mundo visiblemente. El ímpetu de la Revolución Industrial había convertido a los trabajadores en esclavos a sueldo, por lo que decidió experimentar literariamente con las fuerzas de la naturaleza que se consideraba eran estrictamente de Dios. En esa época Benjamín Franklin estaba dirigiendo sus famosos experimentos para controlar los rayos y la electricidad, por lo que parece lógico que su personaje Frankenstein naciera gracias a esa fuerza controlada de la naturaleza. En 1816 los experimentos de Franklin habían tenido éxito, y la fuerza que daba de vida al monstruo seguía esos principios, con pararrayos incluido.

Mary Shelley seguramente estuvo influida por la leyenda del Golem así como el mundo en que ella vivió, tal y como el título de su novela "El moderno Prometeo", parece indicar. La leyenda de Prometheus se encuentra en la Grecia antigua, en la mitología, siendo Prometheus un Titán, uno de los mayores dioses del Olimpo. Su misión era crear la Humanidad mediante el uso de la racilla moldeada, dándoles luego la chispa de vida.

Los principios básicos de la mitología robótica pueden ser como sigue:

1. Alguien crea vida artificialmente al margen del hombre.
2. Una criatura viviente artificial es, incluso aunque sea humana, una creación desalmada.
3. Es imposible crear a un ser artificial perfecto porque ningún humano lo es. Aun cuando tal creación tenga apariencia de perfección, los defectos aparecerán pronto.
4. Una creación artificial no es finalmente responsable de sus acciones. Esa responsabilidad recae en su creador.
5. El regalo de la vida no es producto del azar.
7. Cuando un ser artificial adquiere conciencia, no será tratado como inferior o usado como bestia de carga.
8. Finalmente, todos los esfuerzos para producir un ser perfecto artificial acabarán con la muerte y destrucción.

131

En la década de los años treinta y cuarenta, Hollywood se dedicó a producir películas sobre robots de serie B, apoyadas en un fondo melodramático. Normalmente el argumento siempre tenía a un robot malvado usado para el pillaje, secuestro, asesinato y/o para amenazar a las mujeres jóvenes inocentes. A veces era la invención de una buena persona que sólo quería usarla para bien de la Humanidad, pero era robada por delincuentes. Cualquiera podía controlar y ordenar a un robot, simplemente mediante la voz o un micrófono. Así continuaron hasta que llegó en 1951 *Ultimátum a la Tierra*, en donde Gort, un enorme robot plateado, un gigante de metal indestructible, demuestra ser mentalmente y físicamente superior a los humanos, capaz de tener compasión con una raza extranjera, y totalmente especializado para trabajar a las órdenes del humanoide Klaatu.

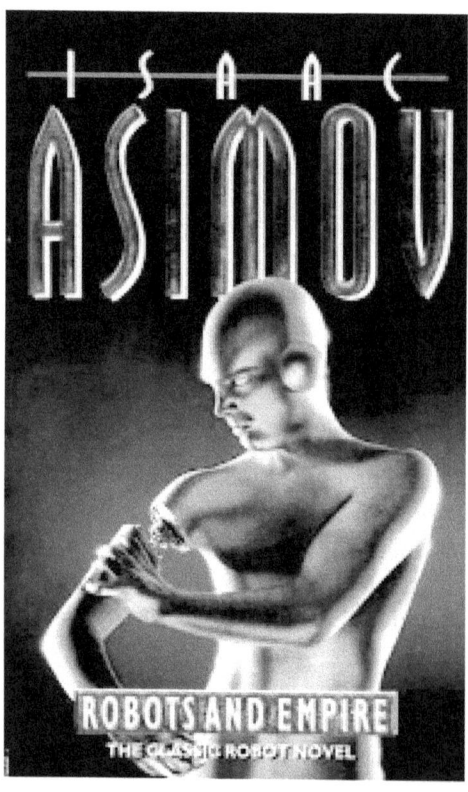

Indudablemente, hubo en esa época dos acontecimientos importantes que presagiaban un cambio en el concepto de los robots. Uno ocurrió en el mundo de la ciencia con el desarrollo de la industria de los ordenadores. Ya se habían hecho máquinas robóticas que eran capaces de multiplicar los conocimientos humanos, pero todo de un modo imperfecto, pues no poseían la capacidad para autocorregirse ni mejorar. La llegada de los complejos programas informáticos supuso una eclosión en la fabricación de organismos y máquinas casi perfectas, sin errores o emociones que pudieran bloquear los resultados.

El segundo evento ocurrió dentro de la literatura de ciencia-ficción. En 1950, una colección de historias de robots escritas por Isaac Asimov se publicó en una tirada corta, destacando *"I, Robot"*, en la cual se mencionaba las tres leyes de la robótica:

PRIMERA: **Un robot no herirá a un ser humano ni permitirá que por su pasividad sufra daño.**
SEGUNDA: **Un robot debe obedecer las órdenes que recibe de los seres humanos, excepto cuando dichas órdenes contravengan la Primera Ley.**
TERCERA: **Un robot debe proteger su propia existencia, excepto cuando dicha protección genere un conflicto entre la Primera y Segunda Ley.**

Estas leyes se incorporaron en el interior del cerebro de cualquier robot dotado de un cerebro Positrónico. Esto era otra creación de Asimov, pues había eliminado del sofisticado cerebro de los robots cualquier dependencia física o mental de los humanos. En una palabra, los hizo independientes, conscientes y sabedores de su posición en el mundo, de la razón de su creación y lo que se esperaba de ellos.

Estos escritos y los avances tecnológicos, dieron lugar al próximo paso en los robots de cine: Robby. En *Planeta Prohibido* (1955), uno de los personajes centrales es un robot que, siendo un artefacto creado por una ciencia extraterrestre muy sofisticada, es evidentemente superior a los humanos. A pesar de su capacidad destructiva no representa ninguna amenaza física, porque está gobernado por un programa que se corresponde bastante estrechamente con las Tres Leyes de Asimov.

Irónicamente, sin embargo, fue el desarrollo de la tecnología informática lo que permitió evolucionar al robot en el cine. Antes de ello, los robots eran sólo una máquina de hojalata y estaño ambulantes y, cuando los presupuestos eran más bajos, simplemente un androide, esto es un actor con un traje metálico.

Un cambio más drástico y serio tuvo lugar durante los años de la Guerra Fría, especialmente gracias a escritores como Arthur C. Clarke y directores como Stanley Kubrick, quienes sabedores de las posibilidades de los ordenadores nos llevaron hasta el siglo XXI con el filme *2001: una Odisea del espacio*. Ellos crearon una nueva inteligencia con capacidad para sentir, explorar y computar millones de datos, siendo el mejor exponente el ordenador HAL 9000 del Discovery I, el cual y aunque inicialmente parece limitado físicamente para salir al exterior, sus habilidades le permiten controlar la nave y a sus habitantes. Afortunadamente, la inteligencia humana conoce la mentira, algo que ninguna máquina posee, y poco a poco uno de los tripulantes logra llegar a la espina dorsal de la máquina y anularla. Cuando todo parece perdido para ella, intenta volverse humana apelando a la misericordia de Dave, indicándole también que solamente ha intentado efectuar satisfactoriamente su misión, aunque la presencia de los humanos suponía un problema.

La ciencia en los años setenta ha provocado otro giro sorprendente de acontecimientos en robótica. Los nuevos términos de "cyborg" y "cibernética" se han convertido en un vocabulario habitual, y así, el Diccionario Mundial Webster define a un cyborg como: Un humano modificado para la vida mediante la substitución parcial de partes carnales por órganos artificiales. La cibernética, a su vez, es definida como: Una ciencia que establece un estudio comparativo entre los ordenadores y el complejo sistema nervioso y cerebral humano. Sin embargo, para la sociedad, la cibernética ha significado la intención de convertir a los humanos en computadoras, o al revés, tal y como se mostró con Steve Austin conocido como "El hombre de los seis millones de dólares", la historia de un astronauta de la NASA que ha sufrido un accidente traumático y ha tenido que rehacer su cuerpo con varias partes artificiales. Un problema añadido es que ya no sabemos exactamente qué queremos decir cuando hablamos de "vida" y "evolución", al menos desde que los robots cinematográficos están a nuestro alrededor.

En 1970 se estrenó *Forbin proyect,* y seis años después *Engendro mecánico,* dos películas en las cuales el mayor protagonismo se lo llevan las máquinas inteligentes. En *Forbin Proyect* hay una supercomputadora llamada Colossus construida por el ejército que mantiene una cierta rivalidad con su homólogo soviético El Guardián. Las dos inteligencias deciden que la raza humana está en un estado caótico que le lleva al borde de la destrucción, y obviando todo lo que se refiere a la vida humana, eliminan o neutralizan sus defensas y proceden a dictar nuevas condiciones de vida para la Humanidad. Habiendo percibido los fallos humanos, deciden que los ordenadores podrán satisfacer mejor las necesidades humanas que sus dirigentes.

En *Engendro mecánico,* la investigación sobre el ADN llevó a la construcción de una gran computadora que empleaba razonamientos humanos para controlar un hogar, aunque posteriormente aterrorizó a sus propios creadores y decidió tener un hijo con la mujer. Su lógica era aplastante, pues quería mezclar lo mejor de las máquinas, la inteligencia, con la capacidad física de los humanos para desplazarse y crear, lo que convertiría al descendiente en el ser más perfecto del mundo.

La robótica cinematográfica también ha estado desarrollando otras creaciones, y aunque algo cómicos, los androides de *La guerra de las galaxias* C3PO y R2D2, suponen el criado perfecto para el ser humano, pues, además, tienen bien claras las Tres Leyes de la robótica.

Sin embargo, el desarrollo de robots en el cine continúa estando influenciado por la realidad diaria, ya que los científicos de la NASA han perfeccionado numerosos robots para que viajen en sondas planetarias e interplanetarias. En *Star Trek* pudimos ver que una de estas sondas espaciales, el "Voyager", se autoalimentaba energéticamente e intentaba destruir a los humanos en su pugna por encontrar respuestas.

135

TERMINOLOGÍA ROBÓTICA

Androide

Podíamos considerarlo como un robot de forma humana, aunque no siempre se pretende una imitación perfecta del ser humano, bastando con que tenga una estructura compuesta por cabeza-tronco-extremidades bien diferenciadas y situadas en el lugar correspondiente. Al menos así nos lo ha mostrado el cine de ciencia-ficción, desde los más toscos e infantiles como el Robby de *Planeta prohibido*, pasando por el poderoso Gort de *Ultimátum a la Tierra*, para llegar a esos criados eficientes conocidos como R2 y 3PO. Cuando se logra que un androide tenga físicamente aspecto humano, tanto externamente como en sus habilidades, nos acercamos mucho al concepto de Ciborg, aunque seguirán siendo totalmente artificiales.

Uno de los androides más populares procedentes de la literatura es Daniel R. Olivaw, el robot policía que aparece en las novelas de Isaac Asimov, tanto en Bóvedas de Acero, como en Fundación, aunque la confusión se genera cuando mezcla androides con humanos en El incidente del Tricentenario.

En el cine también podemos destacar los que aparecieron en *Terminator* y *Almas de Metal,* además del entrañable y humanizado Data de *Star Trek.*

Autómata

Máquina diseñada para moverse y actuar de forma independiente, previa programación.

Biomecánica

Ciencia y tecnología que permite ampliar las posibilidades de un ser orgánico para efectuar movimientos. Ejemplos habituales son las grúas, las carreterillas elevadoras y los martillos neumáticos perforadores. Aplicado a la industria, permite a las máquinas aproximarse a la amplia versatilidad de los movimientos humanos, y al revés, con las personas ampliando sus posibilidades. Los movimientos deben ser más perfectos que el organismo al que pretenden imitar y mejorar, por lo que se precisan conocimientos muy amplios sobre biología y fisiología. La ortopedia es uno de los campos en los cuales se está investigando más, buscando materiales más adecuados y consiguiendo que las prótesis puedan mejorar incluso la potencia de los grupos musculares.

Biónica
Mezclando las palabras biología y electrónica, se encontró esta palabra para definir la ciencia que busca la utilidad tecnológica de la evolución biológica natural. Aunque extendida a temas mecánicos como las prótesis y la Inteligencia Artificial, normalmente se ocupa del análisis de las estructuras en construcciones basadas en la electrónica y mecánica. Inspirada en la selección natural de las especies y en el modo en que se organizan de forma natural, buscando multitud de combinaciones, se evita que un elemento mecánico pueda servir para un solo objetivo, pues se ha demostrado que las máquinas pueden ser multiuso.

Los sistemas biónicos pueden ser sintético-analógicos, tal y como se descubrió con el eco que inspiró el radar, la luz fría o bioluminiscencia de algunas especies marinas, o las nuevas y resistentes redes que están basadas en las telas de araña. También pueden ser sintético-compuestos, mediante la combinación de partes técnicas con partes vivas (una neurona creciendo en una base de silicio), lo que podemos ver ahora con los marcapasos integrados en el corazón.

Cerebro Positrónico
Indudablemente sería el complemento ideal para lograr vida artificial, pues si a un robot le incorporamos un cerebro positrónico, con capacidad para generar impulsos cerebrales al resto del organismo, lograríamos una eficacia casi ilimitada.

Ahora son solamente producto de la imaginación de escritores como Isaac Asimov, pues todavía resulta inviable que unas antipartículas como los positrones pudieran interaccionar con la materia normal sin destruirla instantáneamente. Estos cerebros estarían compuestos por la unión del platino con el iridio, muy costoso pero estable, lo que lograría que los positrones aumentaran su duración y fiabilidad.

Cibernética

Vocablo que define la técnica que estudia la capacidad de una máquina para efectuar procesos mentales. Analizada por Wiener, se buscaba aplicar la teoría del control automático de una máquina a las tareas de simulación del cerebro mediante un programa informático.

Cyborg

Marina Sirtis, protagonista de Star Trek, podría ser un bello cyborg

Mezclando partes biológicas y mecánicas logramos un mecanismo cibernético, pero si la parte biológica es el cerebro entonces nos encontramos con un cyborg, una máquina que piensa y se comporta como un humano. Las prótesis actuales son un avance de lo que en un futuro se puede lograr con esta tecnología, siendo los personajes de *Robocop* y *Terminator* los ejemplos más conocidos, aunque también lo vemos en *Star Trek* con los temibles Borg, y en *El hombre bicentenario*.

Inteligencia artificial

Bajo este nombre se define la capacidad de un artefacto para realizar los mismos tipos de funciones que caracterizan al pensamiento humano. Indudablemente este efecto ha despertado la curiosidad del ser humano desde la antigüedad, aunque ahora, con los avances de la ciencia moderna, la búsqueda de la IA ha tenido que seguir dos caminos fundamentales: la investigación psicológica y fisiológica del pensamiento humano, y el desarrollo tecnológico de sistemas informáticos. En este último sentido, el término IA se aplica incluso a los videojuegos, en donde el oponente que juega en nombre del ordenador es capaz de modificar varias veces su conducta para que no podamos eliminarle. Esta misma tecnología se empieza a aplicar en medicina, intentando averiguar cómo sería el comportamiento de un virus o una enfermedad concreta, tal y como hasta ahora hacían los adivinos y futurólogos. También se investiga las posibilidades que tendrían un grupo terrorista para llevar a cabo sus amenazas, el comportamiento de la bolsa bursátil, y hasta la tendencia electoral de una población sometida a presión psicológica.

No menos interesante son los programas de ordenador que pueden entender el lenguaje hablado de los humanos y transcribirlo a palabras escritas, los traductores automáticos y hasta los correctores gramaticales. El secreto para ello es que el programa informático sea capaz de aprender y mejorar con el paso de las horas, imitando lo que haría un ser humano bien capacitado, lo que resultaría apasionante si el aparato en cuestión tuviera forma y movimientos similares a un humano.

Robot

Procedente del vocablo checo robota, que significa 'trabajo obligatorio', fue empleado por primera vez en la obra teatral de 1921 R.U.R. (Robots Universales de Rossum) por el novelista y dramaturgo checo Karel Capek. Desde entonces se ha empleado la palabra robot para referirse a una máquina que realiza trabajos para ayudar a las personas o efectúa tareas difíciles o desagradables para los humanos. También se emplea para aquellas máquinas que realizan tareas automáticas en cadenas de montaje o fabricación, pero para los aficionados a la ciencia-ficción el término encaja mejor en aquellos artefactos mecánicos que poseen cierta conciencia propia, o al menos un comportamiento similar a los humanos. En ocasiones, estas facultades les posibilitan que puedan tomar decisiones aparentemente individuales, pero lo cierto es que anteriormente ha tenido que ser programado por un humano. Por ello, en la medida en que su comportamiento se asemeja a los humanos, se puede creer que realmente disponen de inteligencia, pero no es así, ya que todo está anteriormente insertado en sus chips o elementos electrónicos.

Cuando la apariencia externa es humana y su comportamiento es casi igual de complejo, les suponemos dotados de inteligencia artificial, y por tanto capaz de interactuar sobre su entorno. Un maniquí, al que pudiéramos dotar de un comportamiento autónomo, podría ser un robot perfecto, tanto más si lo aproximamos a un androide. Dos ejemplos iguales, pero plenamente diferenciados, serían C3PO y R2D2, diseñados para servir a los humanos, pero cada uno dotado de una apariencia distinta, así como de unas habilidades propias.

Otros robots no menos populares aparecieron en *Perdidos en el espacio* (película y serie de TV), en *Planeta Prohibido*, y hasta con forma de coche en *El coche fantástico*. La ingeniería actual, sin embargo, no considera necesario que estas máquinas caminen sobre dos patas, quizá la forma más inestable conocida en la naturaleza, y por eso los dota casi siempre de ruedas o cadenas, o bien sobre patas articuladas similares a las arañas, máquinas que ya han empezado a correr por alguno de nuestros vecinos planetas solares.

Robótica

Por definición, se trata de la técnica que aplica la informática al diseño y empleo de aparatos que, en sustitución de personas, realizan operaciones o trabajos, por lo general en instalaciones industriales. Se trata de una de las tecnologías más cercanas a lo que es el núcleo de la bioingeniería del conocimiento: la unión entre la electrónica, la mecánica y la cibernética, capaz de diseñar máquinas que realicen acciones que normalmente se hacen manualmente, esto es, con la mano y el brazo. Cuando un robot coge un vaso lleno de agua y lo mueve sin derramar el líquido está efectuado una faceta de la robótica, la cual puede ser autónoma o no. En cualquiera de los casos el robot necesita que le den instrucciones, aunque estas pueden estar previamente programadas.

Vida artificial

Es quizá el sueño de todo aprendiz de Dios, y en este empeño están involucrados cientos de científicos deseosos de poder figurar algún día en un libro de texto. La pretensión es llegar un paso más adelante que la inteligencia artificial, y ahora lo intentan con la manipulación genética, la selección de los embriones humanos y la manipulación del genoma humano. Si nadie les detiene, las consecuencias pueden ser más aterradoras de lo que hasta ahora el cine nos ha mostrado. ¿Quién puede predecir lo que hará un ser humano manipulado genéticamente en el momento de su concepción, cuando sea adulto? Los mejores ejemplos podrían ser la agricultura transgénica o el mal de las vacas locas, enfermedad causada por obligar a consumir a un rumiante vegetariano alimentos procedentes de animales mamíferos, normalmente de su misma especie.

Y es que la vida no es un concepto científico, algo que se puede comprender en su totalidad, pues en ello intervienen cientos de factores que nunca podrán ser entendidos por los humanos. Matar a un embrión humano, simplemente porque tenga menos de 12 semanas de gestación, es una de las abominaciones que tenemos que soportar y sufrir.

PELÍCULAS

THE GOLEM
(1920)

Directores: Carl Boese y Paul Wegener
Guión: Wegener y Henrik Galeen
Fotografía: Karl Freund y Guido Seeber

Intérpretes:
ALBERT STEINRUCK: Rabbi Loew
PAUL WEGENER: The Golem
LYDA SALMANOVA: Miriam Loew

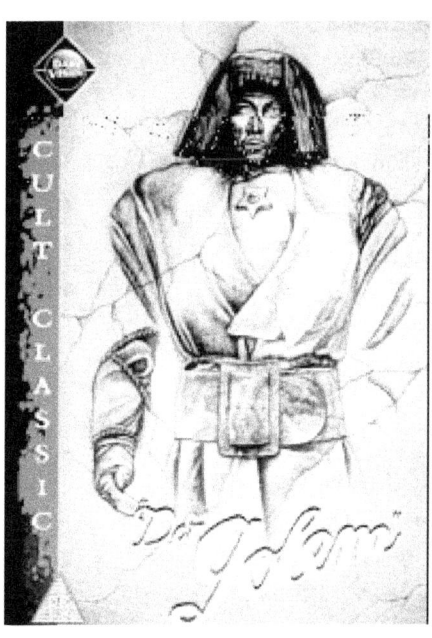

Un científico logra dar vida a un objeto inanimado, un monstruo amoral que espera usar como esclavo, aunque esa criatura se rebela contra él y destruye todo a su paso.

Realizada en Alemania a partir de una leyenda judía medieval sobre una figura de arcilla que recobra vida para servir como protector de los judíos que viven en el ghetto de Praga en el año 1580, nos relatan las consecuencias de mezclar a un Neanderthal con un tótem. Ambientada durante el reinado del Emperador Rudolf II, y empleando la palabra mágica "Aemaet" (Dios), logran dar vida a este gigante que es capaz de salvar la vida del emperador y su hija cuando el edificio que les alberga se derrumba. El ser mecánico, sin embargo, pierde sus poderes cuando no está cerca del amuleto que le da vida, circunstancia que es aprovechada por los enemigos de los judíos, descontentos de la presencia de esa fuerza invencible.

Aunque vapuleada por el tiempo, esta obra del expresionismo alemán sigue siendo magnífica, con su luz oculta y las sombras invadiendo cada rincón, sirviendo de experiencia para que Karl Freund interviniera posteriormente en la memorable *Metrópolis*. La claustrofobia del guetto, con las paredes de piedra encorvadas y los tejados terminados en punta, albergan sin problemas esta mezcla de cuento de hadas y revueltas sociales, relatado todo con ironía, intentando que el espectador sea capaz de creerse que se rodó en la Praga medieval.

Tal fue el éxito, que Wegener hizo tres versiones del mito de Golem: El Golem (1915), El Golem y el Bailarín, (1917) y esta película de 1920, inicialmente conocida por "Cómo entró en el mundo", aunque las dos versiones anteriores ya se han perdido. Paradójicamente, este director que habló de la persecución hacia los judíos, participaría posteriormente con los nazis en la elaboración de los documentales propagandísticos.

METRÓPOLIS
(1926)
182 minutos

Director: Fritz Lang
Argumento: Thea von Harbou
Guión: Fritz Lang, Thea von Harbou
Efectos especiales: Eugen Schuefftan
Decorados: Otto Hunte, Erich Kettelhut
Maquetas: Walter Schultzemittendorf

Intérpretes:
ERICH POMMER: Thea von Harbou
BRIGITTE HELMS: María
ALFRED ABEL: John Fredersen Jr.
GUSTAV FROEHLICH: Freder Fredersen
FRITZ RASP: Grot

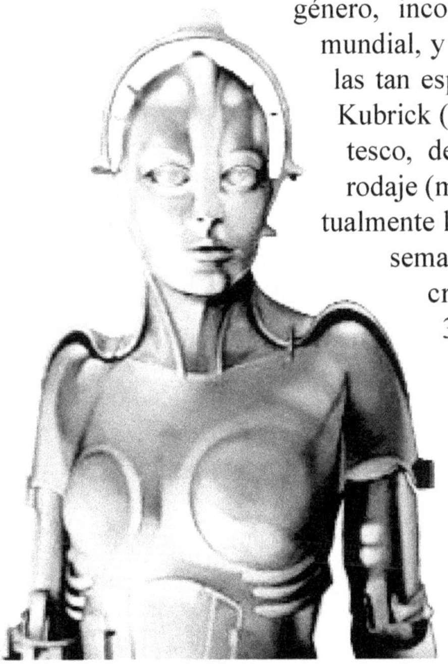

Una película monumental y un clásico del género, incomparable en su proyección mundial, y punto de partida para películas tan espectaculares como "2001" de Kubrick (1968). Todo en ella es gigantesco, desde el tiempo que llevó su rodaje (más de 16 meses, cuando habitualmente las películas se hacían en unas semanas), hasta los extras involucrados: se contabilizaron 37.383 personas y un costo de 7 millones de marcos, convirtiéndose en la película más cara de Alemania. El equilibrio del proyecto se logró esencialmente por las habilidades como director de Lang y por la gran imaginación de uno de los mayores especialistas en efectos especiales de la historia del cine, Schuefftan. También aportó su nota discordante la autora de la novela original, la esposa de Lang von Harbou, quien obligó a reformar varias veces su propia historia, lo que fue un total acierto.

La acción nos lleva al año 2000, a una ciudad gigantesca gobernada por un industrial sumamente eficaz, John Fredersen (denominado Masterson en otras versiones inglesas), interpreta-

145

do por Abel, mientras vemos a su hijo Freder (Froehlich) jugando con sus amigos en los jardines de este paraíso. Los obreros, una especie de criaturas subhumanas, están bajo la dirección de María, una guapa mujer que les insta a no rebelarse hasta que llegue su libertador, el Mediador. Mientras Froehlich se enamora de María, su padre la secuestra y consigue que el científico Rothwang (Klein Rogge) le haga una réplica de ella como un robot para tenerla como colaboradora. Sin embargo, este duplicado de María incita a los obreros a sublevarse y los obreros obedecen en todo sus mandatos, especialmente cuando ella les dice que destruyan las máquinas e inunden todos los sótanos. Finalmente, y como ya sabemos, el amor termina por triunfar.

Ahora sabemos que es una obra maestra, pero en el momento de su estreno el propio director Lang dijo que no le gustaba nada esa película y que tenía un final horrible. Cinco años después y a punto de ser detenido cuando los nazis empezaban a dominar Alemania, cogió una pequeña maleta y se marchó a América.

Pero Lang nunca estuvo interesado en la profundidad de sus personajes, por lo que si en algo hay que criticarle es precisamente en la debilidad de su guión. En cambio, sus películas son una muestra de la viveza de las imágenes, con logros que aún hoy causan admiración, como sus largos planos y sus efectos visuales que apenas si lograron ser superados tres décadas después. Empleando magistralmente numerosos espejos, consiguió una intensidad visual extraordinaria, procedimiento que fue copiado por numerosos directores. Sin embargo, en taquilla *Metrópolis* fue un fracaso que casi arruinó a Alemania, salvada por la ayuda del financiero Hugenberg, uno de los mayores entusiastas de Hitler.

En 1984 el productor Giorgio Moroder la reeditó con un metraje de 83 minutos, además de unos negativos restaurados y un coloreado que, en principio, debería ser horrendo, pero que logró gustar a todos. Lejos de deformar el original, la película de

Moroder, aunque tiene sus detractores, era una sorprendente y fiel reconstrucción de la obra de Lang. La nueva edición en DVD es sencillamente magistral.

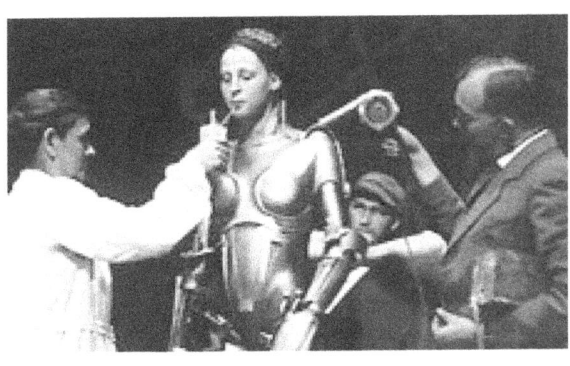

Para muchos aficionados, este fue realmente el primer robot cinematográfico, tan frío y mecánico como el ambiente en el cual se movía, pero tan seductor que consiguió encandilar a miles de espectadores. Transfiriendo el alma de María al robot hembra, se logró un resultado espectacular, otorgando a su protagonista Brigitte Eva Gisela Schittenhelm, una popularidad insólita. Sin embargo, cuando murió en Suiza en junio de 1996, nadie la puso flores en su tumba. Metrópolis, pues, es Brigitte Helm, cautiva en su ajustado traje de robot, algo que constituía una tortura física que la ocasionó no pocos desmayos. Posteriormente, y en parte debido a sus discordancias con el gobierno de Hitler, en 1935, acabó su carrera cinematográfica y nunca más volvió a la Alemania Oriental.

EL MAGO DE OZ
The Wizard of Oz (1939)

Productor: Mervyn LeRoy
Director: Victor Fleming,   King Vidor
Guión: Noel Langley, Florence Ryerson, Edgar Allan Woolf
Basada en la novela de: L. Frank Baum
Fotografía: Harold Rosson
Música: Herbert Stothart

Intérpretes:
JUDY GARLAND: Dorothy
RAY BOLGER: Hunk
BERT LAHR: Zeke, El león miedica
JACK HALEY: Hickory (hombre de hojalata)
BILLIE BURKE: Glinda

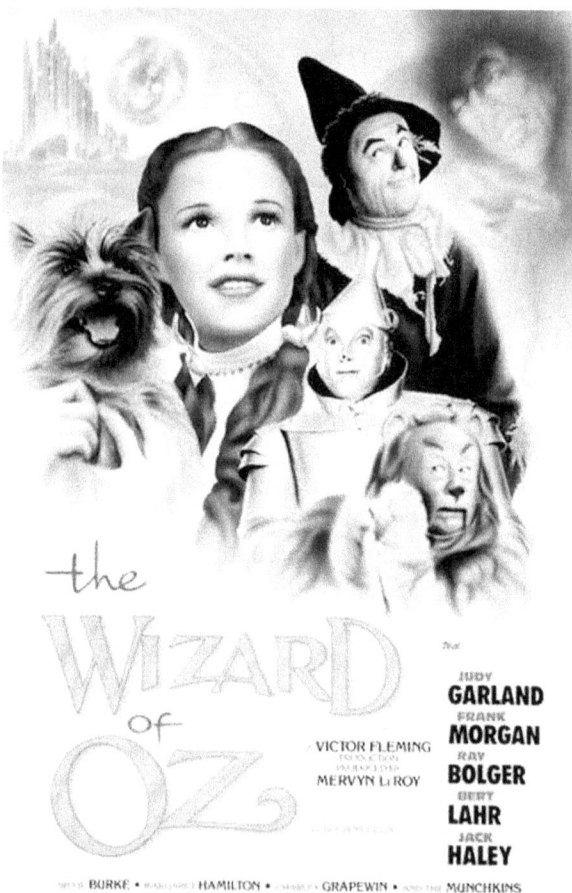

En Kansas reside Dorothy (Garland), una colegiala de once años que vive con su Tío Henry (Charley Grapewin), tal y como nos muestran las primeras escenas en blanco y negro. Después vemos al perro de Dorothy, Totó, su amigo más íntimo, enredando entre las posesiones de la Srta. Gulch (Margaret Hamilton.) Mientras esto ocurre, la joven sueña con otro mundo mejor mientras canta "Over The Rainbow", con lo cual la magia comienza ya. Pero el perro se ha metido en problemas y hay quien quiere llevarlo a una perrera para matarle, y a pesar de las súplicas de Dorothy sus tíos deben entregar el pequeño Totó a las autoridades, aunque apenas pasados unos metros el animal logra escaparse. Después, la joven es atrapada en un tornado que la lleva muy lejos, a un mundo lleno de color y música, con un camino de baldosas amarillas que la conducirá hasta la Ciudad Esmeralda, lugar donde reside el Mago de Oz. En el camino se encuentra con personajes insólitos, como el León Miedica en busca de valor, el Hombre de Hojalata que quiere un corazón, y el Espantapájaros deseoso de tener un cerebro, quienes la acompañan para protegerla de los mil peligros que la acechan.

Es difícil encontrar una obra tan memorable, salvo cuando pensamos en "Lo que el viento se llevó". *El mago de Oz* –si tenemos en cuenta su pase por televisión- es la película que más espectadores han visto en el mundo, lo que demuestra que la magia de Hollywood empezó hace ya un siglo y sigue igual de vigente. Ahora la vemos como un filme clásico, pero en su momento fue un prodigio técnico, en la que tomaron parte nada menos que Víctor Fleming, Richard Torpe, King Vidor y George Cukor. Aunque en los títulos de crédito aparezca solamente Fleming como director, lo cierto es que los otros tres trabajaron igualmente en el proyecto, aunque desde una discreta sombra que el tiempo logró aclarar. Cukor consiguió dirigir acertadamente a los actores, e intervino de manera decisiva en el aspecto de Dorothy, pues aunque Judy Garland tenía 17 años debía aparentar ser una muchacha de 11 años. Los prominentes pechos, por ejemplo, fueron debidamente enfundados en un pequeño corsé, mientras que el maquillaje fue prácticamente inexistente. King Vidor dirigió las escenas de Kansas y las del tornado que introduce a la protagonista en Munchkin Land, sin olvidarnos de la escena más memorable, cuando canta "Over The Rainbow", la cual estuvo a punto de ser eliminada por los ejecutivos de la Metro, quienes pensaron que era demasiado melancólica y sofisticada para los niños.

Los efectos especiales fueron otro gran acierto técnico, así como el maquillaje. La decisión de filmar la producción primero en blanco y negro y posteriormente en Technicolor indudablemente supuso una novedad, ya que debían aprovechar la última tecnología sobre el coloreado de las películas, proporcionando unos colores en la pantalla posiblemente no superados hoy. Buddy Ebsen fue el primer hombre de hojalata, un robot, pero se intoxicó con el metal, siendo sustituido por Jack Haley, ahora con el material recubierto por una pasta aislante.

ULTIMÁTUM A LA TIERRA
The Day The Earth Stood Still (1951)

Guión: Edmund H. North
Argumento: Basado en la novela de Harry Bates
(Farewell to the Master)
Director: Robert Wise
Efectos especiales: Fred Sersen

Interpretes:
MICHAEL RENNIE: Klaatu/Carpenter
SAM JAFFE: Barnhart
PATRICIA NEAL: Helen
HUGH MARLOWE: Tom
ROBOT GORT: Lock Martin.

Nos encontramos con una estupenda adaptación de la obra de Harry Bates "Adiós al Amo," que nos habla de un enviado de la federación de planetas para advertir a las personas de la Tierra que deben detener sus experiencias nucleares antes de que el planeta sea destruido. Pero los esfuerzos del alienígena Klaatu para impedir la proliferación nuclear en el planeta Tierra y la presen -

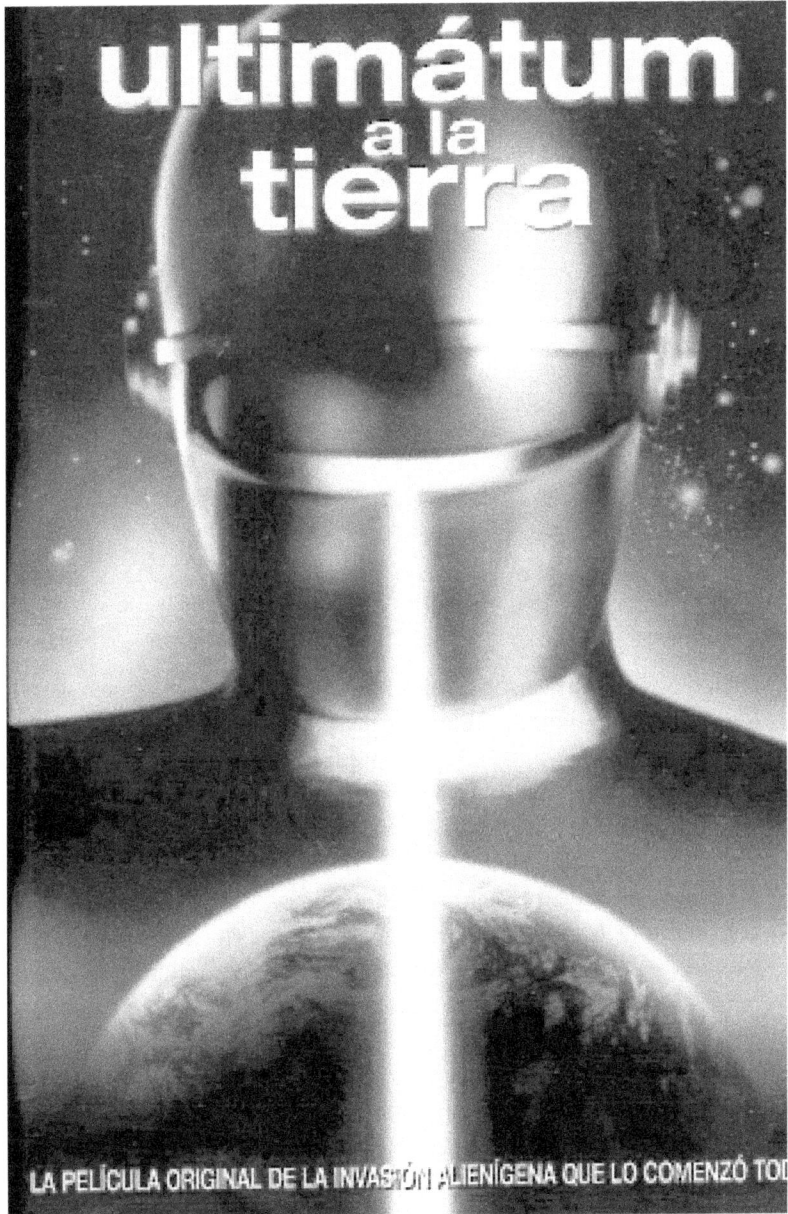

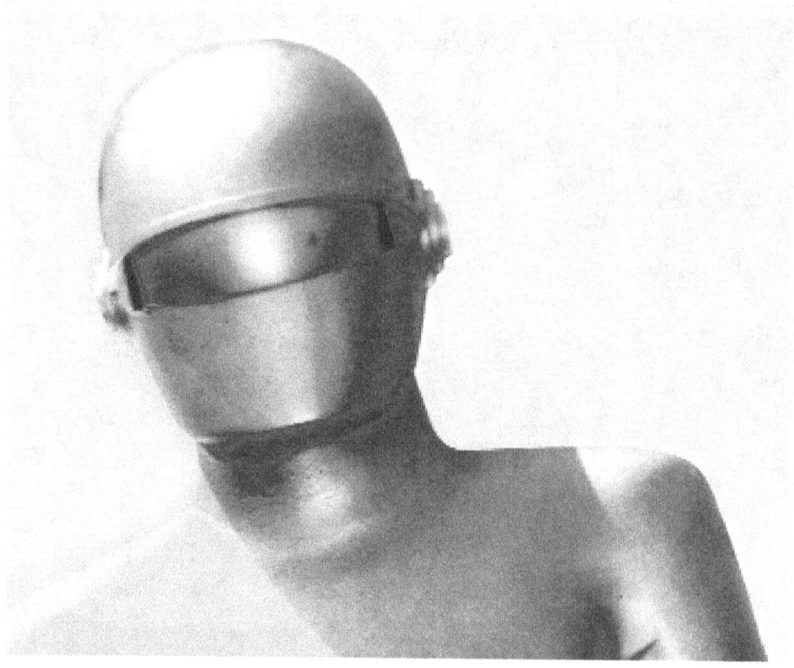

cia terrorífica y disuasoria del robot Gort, no son suficientes para lograr un entendimiento entre todas las naciones, por lo que se hace necesario adoptar nuevas medidas. Camuflado bajo una apariencia humana, y adoptando el nombre de Carpenter, Klaatu llega hasta una familia de clase media a quienes solicita le alquilen una habitación, lugar desde donde planifica detener las máquinas de todo el planeta durante unos minutos. Pronto los conflictos se declaran con gran rapidez y a pesar de sus múltiples esfuerzos por entablar acuerdos con los mejores científicos del país, la insensatez de los humanos se hace patente y es perseguido por las fuerzas militares que le abaten de un disparo. En ese momento, el robot indestructible sale de su aparentemente invulnerable prisión terrestre y su inmenso poderío causa el terror. La advertencia es clara: si los necios habitantes del planeta Tierra no olvidan sus infantiles rencillas, todo será destruido para salvar con ello al resto del universo.

Película de culto para todo buen amante de la ciencia-ficción, cuyos méritos aún no han conseguido ser mejorados. A destacar, el gigantesco platillo volante, la sobriedad del argumento y las mágicas palabras: "Klaatu barada nikto". Extraordinaria interpretación de Michael Rennie como Klaatu y soberbia la figura del robot Gort. La restauración digital en DVD ha proporcionado al filme nuevos admiradores.

Cómo se hizo

En la industria de los efectos especiales actual un robot como Gort sería elaborado exclusivamente con ordenador, pero en 1951 no había tal tecnología. Los monstruos y los autómatas eran hombres metidos dentro de trajes de goma y así fue diseñado el compañero robótico de Klaatu. Conocido como Lock Martin, este actor de casi dos metros de estatura era un veterano en el mundo del cine cuando fue reclutado por Robert Wise en 1951, pero su trabajo consistía en acomodar a los espectadores que llegaban hasta el teatro chino de Grauman. Indudablemente su alta estatura hizo que alguien se fijara en él en 1944 y consiguió tener un corto papel en el filme "Lost in a Harem", aunque para lograr sobrevivir también haría de relaciones públicas disfrazado de vaquero. Conocido como "El gigante manso", más que nada por su poca fortaleza, su trabajo como Gort le permitió intervenir posteriormente en "Invasores de Marte" y "El increíble hombre menguante", aunque en la primera ni siquiera figuraba en los títulos de crédito y en la segunda su intervención fue suprimida. Murió muy joven, con apenas 43 años.

La nave espacial no constituyó ningún problema para los expertos en efectos especiales, pues fue construida a tamaño natural empleando sencillamente madera pulida debidamente pintada. Otro asunto fue Gort, quien portando un traje de látex metalizado no había manera de disimular los pliegues de las rodillas, única zona que desmerecía del conjunto. Las distintas piezas del traje iban pegadas juntas y ensambladas por una gruesa capa de pintura plateada recubierta de goma. Puesto que era imposible disimular la costura por la cual debía introducirse el actor, se crearon dos trajes: un juego con una costura en la parte posterior y un duplicado con una costura en el frente. Por lo tanto, cuando Gort está frente a la cámara, tenemos la costura trasera y viceversa.

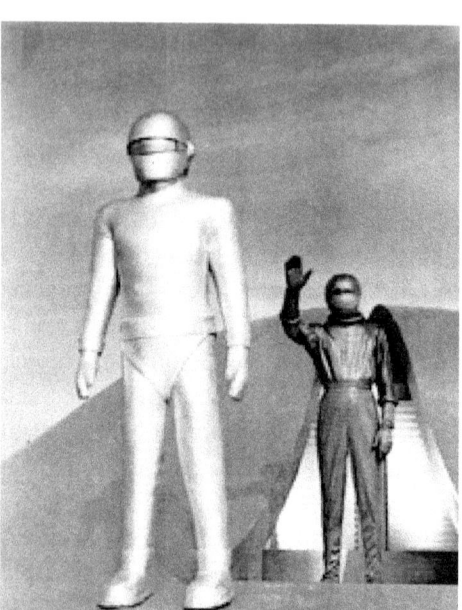

Para proporcionar la negra mirada de la cual brotaría el rayo destructor, el casco fue pintado con la misma pintura de plata recubierta de goma, disponiendo de una visera de metal auténtico, con tres agujeros de ventilación, cuatro rajas debajo de la barbilla y un par de agujeros en cada auricular. Por supuesto, el rayo fue simplemente pintado.

Gort es representado realmente por tres diversos métodos. En las escenas con movimiento, Lock Martin lleva el traje de goma. Cuando permanece inmóvil dentro de la cápsula de cristal es un muñeco de fibra de vidrio a escala real. Y para los rayos se trata de un modelo motorizado en la cabeza y los hombros. Este último era algo mayor que los otros, pues debía albergar en el interior el equipo eléctrico que permitiría accionar la visera. Directamente detrás de ésta estaba una ventana de plástico teñido de azul transparente, con un sistema de bombillas azul marino, que fueron atadas con alambre para encenderse secuencialmente, de lado a lado. La sobreposición de un efecto horizontal animado completó el resplandor, el cual fue insertado sobre las luces oscilantes, creando la ilusión de que se accionaba desde dentro.

Aparte de la nave espacial en movimiento y algunos otros efectos mecánicos, virtualmente todos los efectos especiales fueron creados artesanalmente, utilizando focos de luz para darle categoría. La propia nave espacial parece responder a un patrón normal para los denominados platillos volantes, y el interior disponía de luces realmente integradas. La pantalla de comunicación mediante la cual Klaatu se comunica con el exterior, e intercambia la información con Gort sin sonidos audibles, estaba iluminada mediante varias antorchas de flash, mientras que en el proceso de resurrección son simplemente luces pulsadas alternativamente.

Sin embargo, las escuetas palabras que pronuncian entre sí han creado escuela, y aunque son simplemente monosílabos rítmicos, merece la pena recordarlas: la más famosa es, por supuesto, "Klaatu, Barada Nikto", aunque también recordamos "Gort, Meringa" en un par de ocasiones, y "Gort, Deglet Ovrosco" al principio de la película, cuando le indica que pare su ataque. Nadie nos dijo nunca qué quería decir exactamente, por lo que las conjeturas fueron numerosas.

El platillo en miniatura medía solamente dos metros de diámetro y fue creado por Fred Sersen y su equipo, así como los rayos láser. El robot existe todavía y se puede ver en una exposición de los estudios Universal, lo mismo que una maqueta de Klaatu y Gort emergiendo de la nave con unas dimensiones de cinco metros.

PLANETA PROHIBIDO
Forbidden planet (1956)

Director: Fred M. Wilcox
Efectos especiales: A. Arnold Gillespie
Guión original: "The Tempest" de W. Shakespeare
Fotografía: George J. Folsey

Intérpretes:
    LESLIE NIELSEN: Adams
    WALTER PIDGEON: Morbius
    ANNE FRANCIS: Altaira

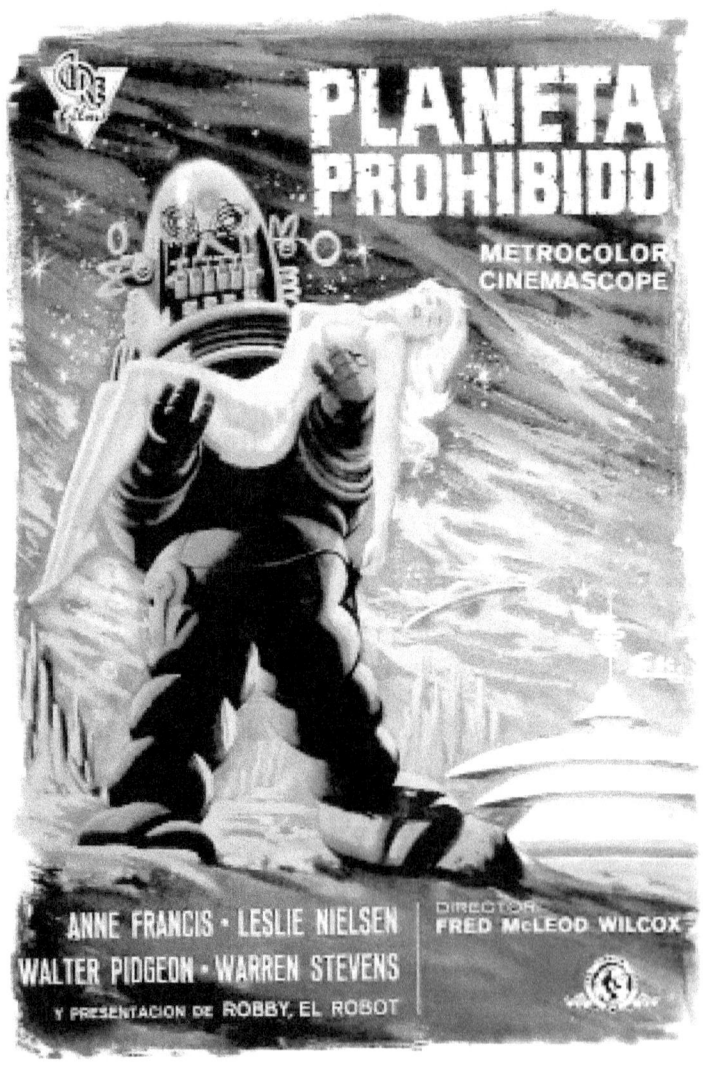

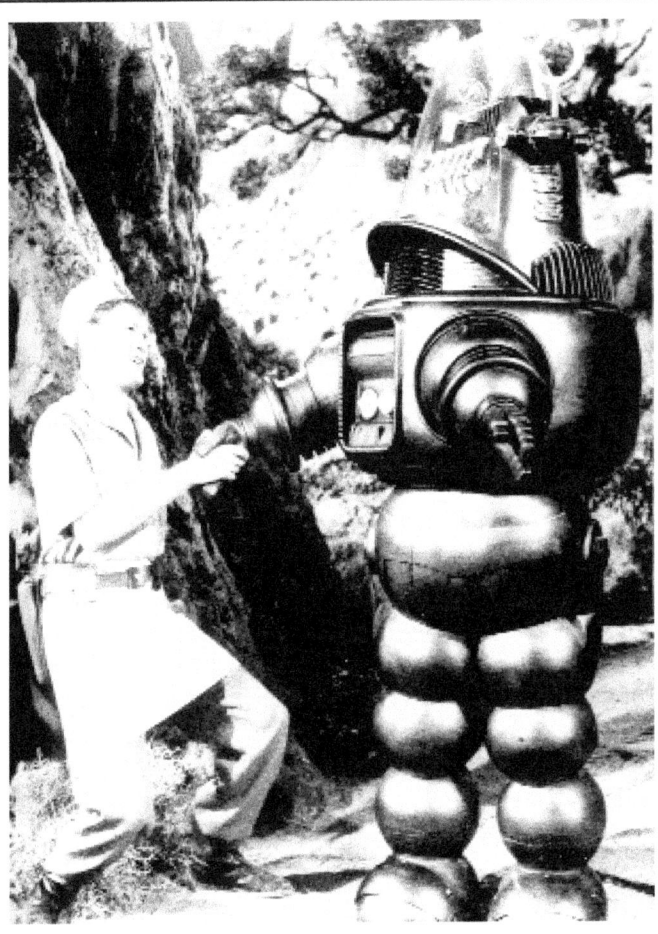

La película fue algo extraña en la época de su estreno. Filmada en pantalla grande y un estupendo color, consiguió unas recaudaciones muy respetables, alcanzando simultáneamente buenas críticas. Tenía una mezcla de infantilismo y seriedad desconcertantes, pero todo en su entorno demostraba inteligencia y deseos de realizar una buena obra de ficción.

Tomando como base un buen guión y transportada la acción a un futuro en el planeta Altair-4, se describe la agresividad humana descrita anteriormente por Shakespeare, a consecuencia de la cual nuestros demonios internos pueden desencadenar horrores generalizados. El casi invisible alien Krell produce escenas de terror inéditas hasta entonces, suavizadas por las dosis de humor que nos aporta el robot Robby, quien tuvo más de una secuela y hasta una serie de televisión. También hay que destacar la manera hábil de mezclar los dibujos de la factoría Disney con los personajes reales.

La película costó nada menos que 1.000.000 de dólares de esa época, pero los recuperó con creces, siendo considerada para muchos como la mejor obra de ciencia-ficción hasta la llegada de "2.001". También fueron objeto de comentario por los aficionados las relaciones entre el profesor Morbius y su hija Altaira, siendo especialmente intrigante cómo lograron evitar el incesto teniendo en cuenta que vivían solos y ella, además de guapa, tenía la sana costumbre de bañarse desnuda en una laguna artificial.

Durante cuarenta años Robby, el Robot, ha sido el más famoso indudablemente, y adorado como el robot de cine más entrañable. Realizó su debut cinematográfico en este filme de 1956, interpretado por Leslie Nielsen, Walter Pidgeon y Anne Francis. Solamente el robot costó 125.000 dólares, aunque Anne Francis jura que costó más de un millón. En 1957 Robby apareció en su segunda película "The Invisible Boy", compartiendo cartelera con Philip Abbott y Richard Eyer.

El director artístico Robert Kinoshita fue el creador de esta máquina parlante, juntando plásticos y las mejores técnicas de robótica de esa época. El veterano actor Frankie Darrow se introdujo en su interior, mientras que la voz era prestada por Marvin Miller, un popular actor de la serie de televisión "The Millionaire".

El Robby original fue vendido en una subasta de la MGM conocida como Prop-museum de California en 1970, así como el vehículo del filme. Con el tiempo, los aficionados terminaron destrozando a Robby y ya nadie parecía interesado en su reconstrucción. Posteriormente, Fred Barton creó su propio Robby, una réplica del Robot, y lo mostró públicamente por vez primera en

1974, en una Convención de *Star Trek* en Los Angeles, CA. Tal fue el éxito, que fue requerido para que restaurara el Robby original y varios años después, cuando el museo cerró sus puertas, Robby fue vendido a un coleccionista privado. En 1997 Fred Barton Productions, Inc. obtuvo la licencia para fabricar una línea de diversas estatuas basadas en el robot original, consiguiéndose una reproducción 100% exacta, pero ahora con titanio y aluminio.

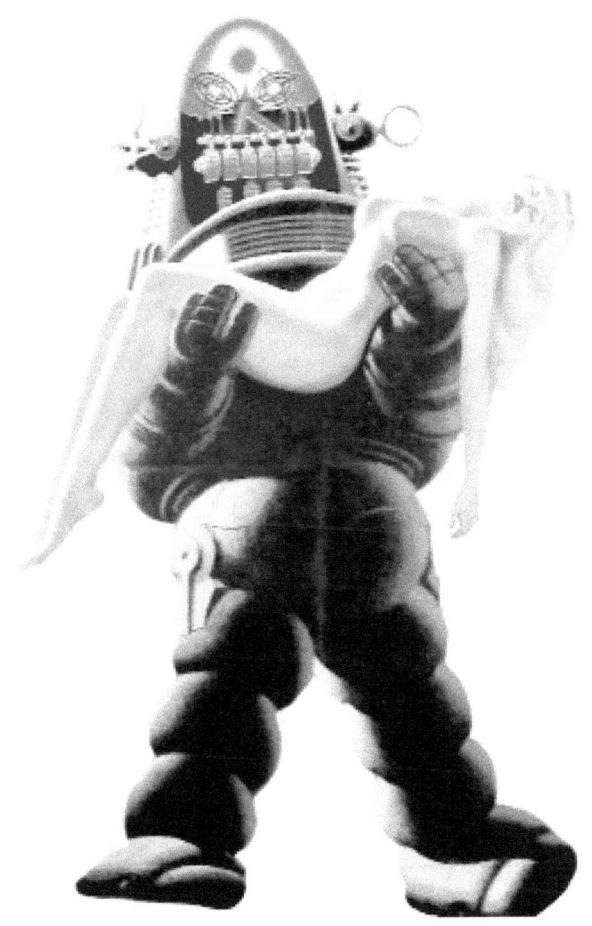

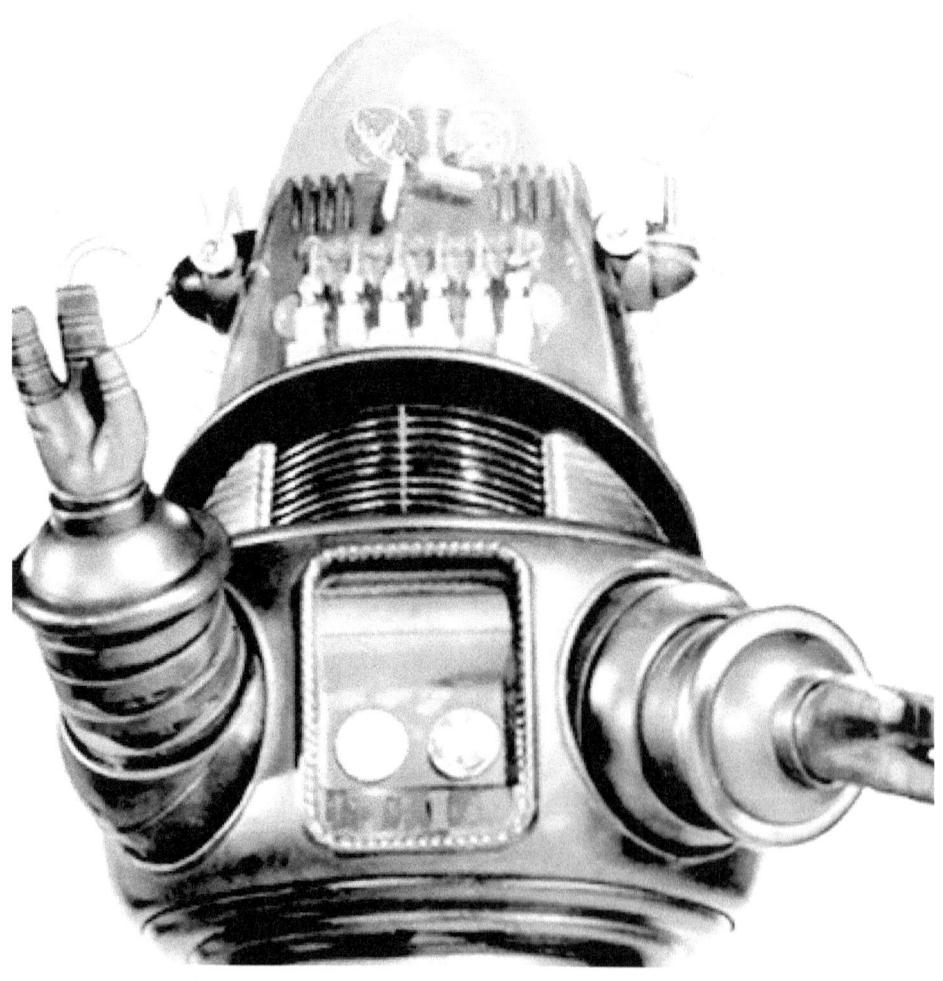

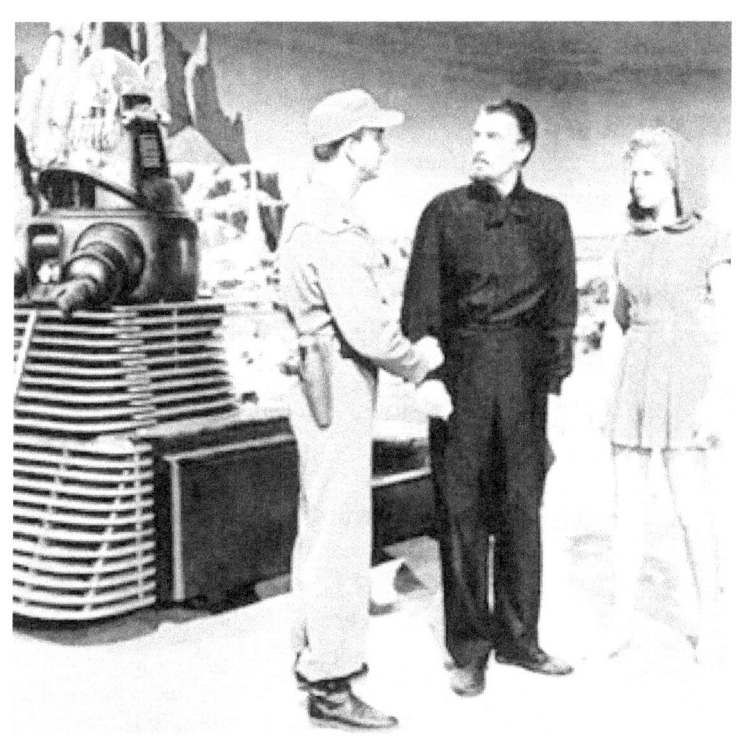

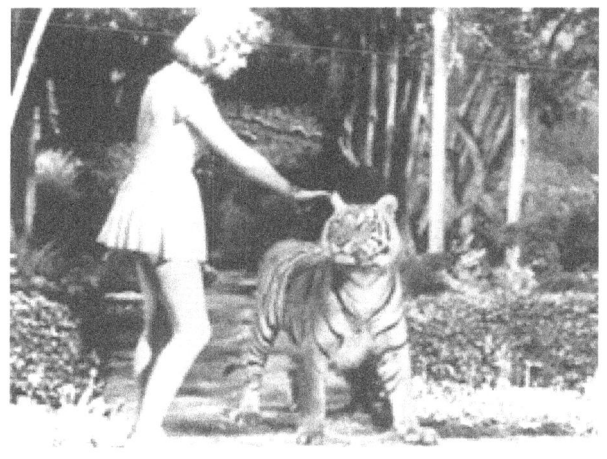

THX 1138
(1969)

Director: George Lucas
Guión: George Lucas
Productor: Francis Ford Coppola
Efectos especiales: Hal Barwoord

Intérpretes:
ROBERT DUVALL: THX 1138
DONALD PLEASANCE: Sen 5421
JOHNNY WEISMULLER: Jr. Robot

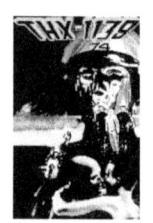

Primera película de George Lucas, mutilada por la productora, en la cual nos cuenta una sociedad dominada por las computadoras, en donde los humanos viven esclavizados por las máquinas en un mundo subterráneo. Un cuerpo de policía especial se encarga de tener bajo control a los humanos, los cuales ni siquiera pueden tener hijos voluntariamente, aunque una oportuna rebelión trata de volver las cosas a tiempos anteriores.

Muy alejada de la perfección de sus posteriores películas, esta obra menor sirvió al menos para que otras compañías pusieran el suficiente dinero en la mano a George Lucas para que realizara otras epopeyas espaciales. Aunque en su momento fue un fracaso comercial rotundo, ahora es objeto de revisión por los expertos y sirvió para desarrollar las bases maestras de lo que sería posteriormente la saga galáctica más famosa de la historia del cine. Lo cierto es que ahora la vemos como carente de un acertado guión, y demasiado influenciado por obras literarias como "1984" de George Orwell y "Un mundo feliz" de Aldous Huxley.

Visualmente es atractiva, pero la historia llega a ser aburrida, incluida la partitura de Lalo Schifrin, aunque según contó Lucas posteriormente se trataba de un afecto deliberado para que el espectador se concentrara en las imágenes. Cuando hubo terminado el trabajo Coppola voló a Los Angeles para mostrar al estudio el film, pero allí se lo rechazaron, y le dijeron que tendría que devolver el dinero que le habían adelantado. Puesto que ello era imposible, se reestructuró la película pero el fracaso comercial fue total. Solamente seis años más tarde, y debido al éxito de *Star Wars*, THX 1138 fue reestrenada en el mercado del vídeo.

NAVES SILENCIOSAS
Silent Runnig (1972)
      Director: Douglas Trumbu
      Efectos especiales: Douglas Trumbu
      Argumento: Douglas Trumbu

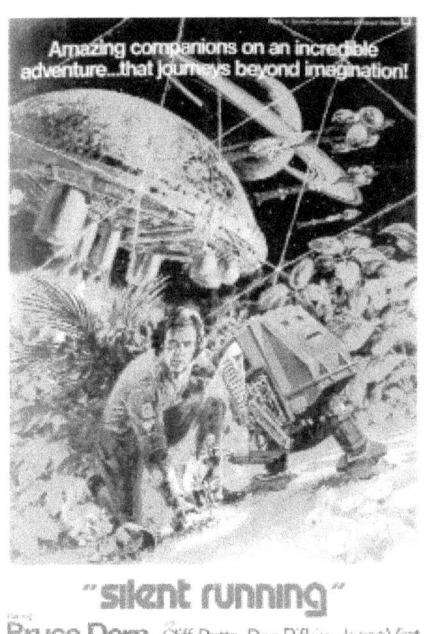

Intérpretes:
BRUCE DERN: Freeman
CLIFF POTTSY: Astronauta
RON RIFKIN: Astronauta

La película fue el lanzamiento de uno de los mejores genios de los efectos especiales (Douglas Trumbu), quien nos lleva hasta el siglo XXI, cuando la polución ha destruido toda vida vegetal sobre la Tierra. Para conservar la especie existe un invernadero en un laboratorio espacial que será trasplantado a la Tierra cuando el clima mejore. Freeman (Bruce Dern) es un guardabosque que cuida del invernadero en esa nave espacial, y siempre ha efectuado su trabajo con dedicación y cariño. Por eso, cuando le piden que destruya todo, se rebela y da muerte a los otros guardabosques. Tres robots denominados anteriormente como Zumbido 1, Holgazán 2, y Holgazán 3, son reprogramados por Dern para responder al nombre de Huey, Dewey, y Louie. Una escena especialmente intensa es cuando uno de los robots se pierde en el espacio, siendo reprendidos los otros dos cuando les dice: "eso es lo que pasa cuando se es descuidado". Ambas máquinas se callan, mostrando una cara inocente.

Naves silenciosas no es una película muy profunda, ni intenta serlo, pero nos muestra perfectamente la historia de un hombre básicamente sencillo enfrentado a una situación sencilla, pero de difícil solución. Tiene que decidir entre las vidas de sus compañeros y las vidas de la Tierra, además de la perpetuidad de los abetos y pinos, robles y olmos, enredaderas y melones; pero cuando se da cuenta de su soledad un conflicto emocional le aturde.

La lírica de esta película es simplemente la historia de un hombre libre, Lowell, cuyo solo propósito en la vida es el cuidado y mantenimiento de este gigantesco invernadero que flota en el espacio. Su vida se trastoca cuando le dicen que ya no hay fondos para seguir manteniendo ese lugar y debe destruirlo. Aunque la mayor parte del filme carece de diálogos, los pitidos, silbatos y movimientos de estos tres robots que se asemejan a los sobrinos del Pato Donald, son suficientes para expresar una gran cantidad de emociones.

EL DORMILÓN
Sleeper (1973)

Producción: Jack Grossberg, Charles H. Joffe
Guión: Woody Allen, Marshall Brickman
Vestimenta: Joel Schumacher
Música: Woody Allen
Director: Woody Allen

Intérpretes:
WOODY ALLEN: Miles Monroe
DIANE KEATON: Luna Schlosser
JOHN BECK: Erno Windt
MARYA SMALL: Dra. Nero
BARTLETT ROBINSON: Dr. Orva
CHRIS FORBES: Rainer Krebs

Si a usted le gustan la mayoría de las películas antiguas de Woody Allen, las cómicas, esta es una de sus mejores y delirantes obras.

165

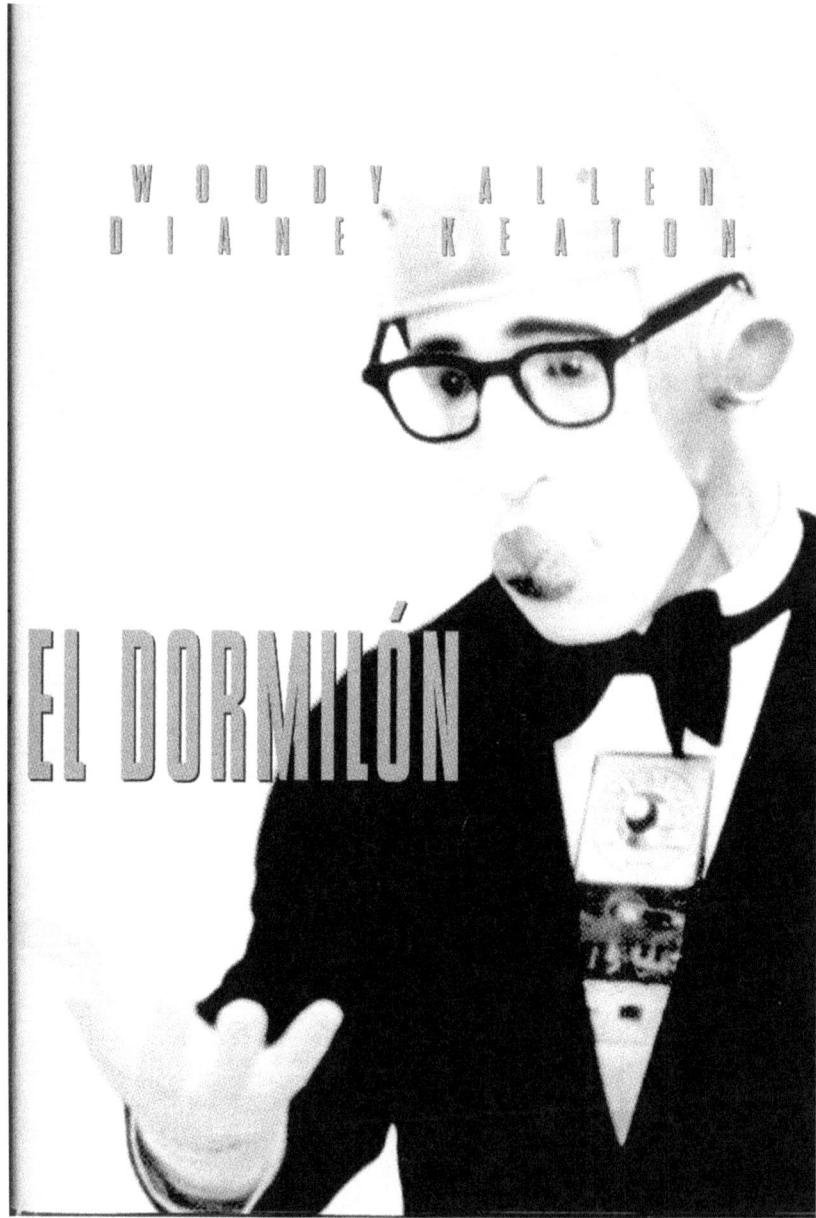

La historia comienza en Greenwich, en donde el propietario de una tienda de alimentos dietéticos, llamado Miles Monroe (Allen), quien también toca Jazz en Dixieland, acude al hospital para una operación de apendicitis en 1973. La operación fracasa, y los doctores rápidamente le ponen en una profunda hibernación. Despierta doscientos años después gracias a otros médicos, esencialmente porque quieren conseguir su ayuda para derrocar al "Hermano Grande", el dictador que gobierna en el mundo. El Líder no es una persona entera, pues es simplemente una nariz, pero sus ayudantes proponen clonar el tejido desde la nariz para construir un cuerpo entero que les ayude en su conquista.

Esta fue la primera y única incursión al género de ciencia-ficción de Allen, aunque posteriormente hemos visto retazos fantásticos en "Alice" "Desmontando a Harry" y otras. En esta ocasión podemos ver a un Woody Allen atípico y hasta increíble, lo que ocasionó no pocas contradicciones entre los aficionados, siendo para unos una de sus mejores películas cómicas, apta para toda clase de públicos, y para otros uno de sus fracasos artísticos. Lo cierto es que comercialmente tuvo bastante éxito y hoy en día es recordada, casi en exclusiva, por el gran público.

En un principio se planeó como una película de cuatro horas de duración y alto presupuesto (al final solamente se invirtieron tres millones de dólares), pero aunque la United Artists estuvo decidida a llevar a cabo el proyecto, al final solamente se utilizó la segunda parte del guión. Un dato curioso es que la partitura está interpretada por su propia orquesta, la Ragtime Rascals, y si la prestamos atención podremos escuchar el correcto toque de clarinete de Allen.

Diane Keaton interviene por primera vez en una película dirigida por él y emulando a una Buster Keaton femenina, logra hacer correctamente su papel de idiota impasible ante la adversidad.

ALMAS DE METAL
Westworld (1973)

Director: Michael Crichton
Efectos especiales: Charles Schulthies
Guión: Michael Crichton

Intérpretes:
YUL BRYNNER: el androide
RICHARD BENJAMIN: Peter
JAMES BROLIN: John

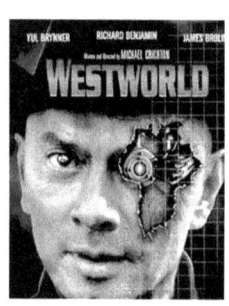

En una época futura, en la ciudad de Delos, existe un parque recreativo animado por robots, en donde se dedican a imitar a violentos pistoleros, centuriones romanos y hasta amantes insaciables para hombres y mujeres. Cada visitante elige aquel robot que mejor encaja en sus gustos y puede efectuar con él lo que quiera, incluso hacer el amor o… matarle, pues en un taller cercano son recompuestos y a las pocas horas salen de nuevo al parque.

Peter Martin (Richard Benjamin) y John Blane (James Brolin) deciden que necesitan aliviar el estrés de sus vidas y acuden a ese parque de atracciones para adultos. Entre las diferentes opciones escogen ser vaqueros en el viejo Oeste y pronto consiguen matar a otros vaqueros y correr alrededor de las mujeres. El pistolero más duro en esta sección es un robot interpretado por Yul Brynner, pero igualmente es abatido por ellos. Sin embargo, una noche los técnicos les reprograman con el fin de dotarles de mejores instintos para que no sea tan fácil destruirles. Como podemos suponer, algo sale mal, o demasiado bien, y los robots se portan mal, atacando a los invitados. La rebelión de las máquinas ha comenzado y ningún humano está ya a salvo.

Esta interesante película, adecuadamente interpretada por Yul Brynner en el papel del robot díscolo, tuvo un gran éxito comercial y una secuela en 1976, titulada "Mundo futuro", poco afortunada.

Almas de metal fue el primer trabajo como director del escritor Michael Crichton, escribiendo también este errático pero interesante guión. Por eso la historia es más interesante que la realización debido a la pobre dirección de Crichton, aunque ello no le quita demasiado valor.

La reflexión que nos llega es provocadora: ¿Qué éxito tendría un parque de atracciones similar al que se muestra? ¿Qué tipo de atracciones demandaría la gente? ¿Quizá piratas? ¿Quizá sexo? ¿Sería conveniente emplear armas reales para disparar a robots que se parecen a cualquier persona?

LA GUERRA DE LAS GALAXIAS
Star Wars (1976)

Director: George Lucas
Guión: George Lucas
Música: John Williams
Fotografía: Gilbert Taylor
Maquetas: Stuart Freebom y Douglas Beswick
Efectos Especiales: Rick Baker, John Dykstra y Joe Johnston

Intérpretes:
MARK HAMILL: Luke Skywalker
CARRIE FISHER: Princesa Leia
HARRISON FORD: Han Solo
DAVID PROWSE: Darth Vader
JAMES EARL JONES: Voz de Darth Vader
KENNY BAKER: R2D2
ANTHONY DANIELS: C3PO
PETER CUSHING: Moff Tarkin
ALEC GUINNESS: Ben (Obi-Wan) Kenobi

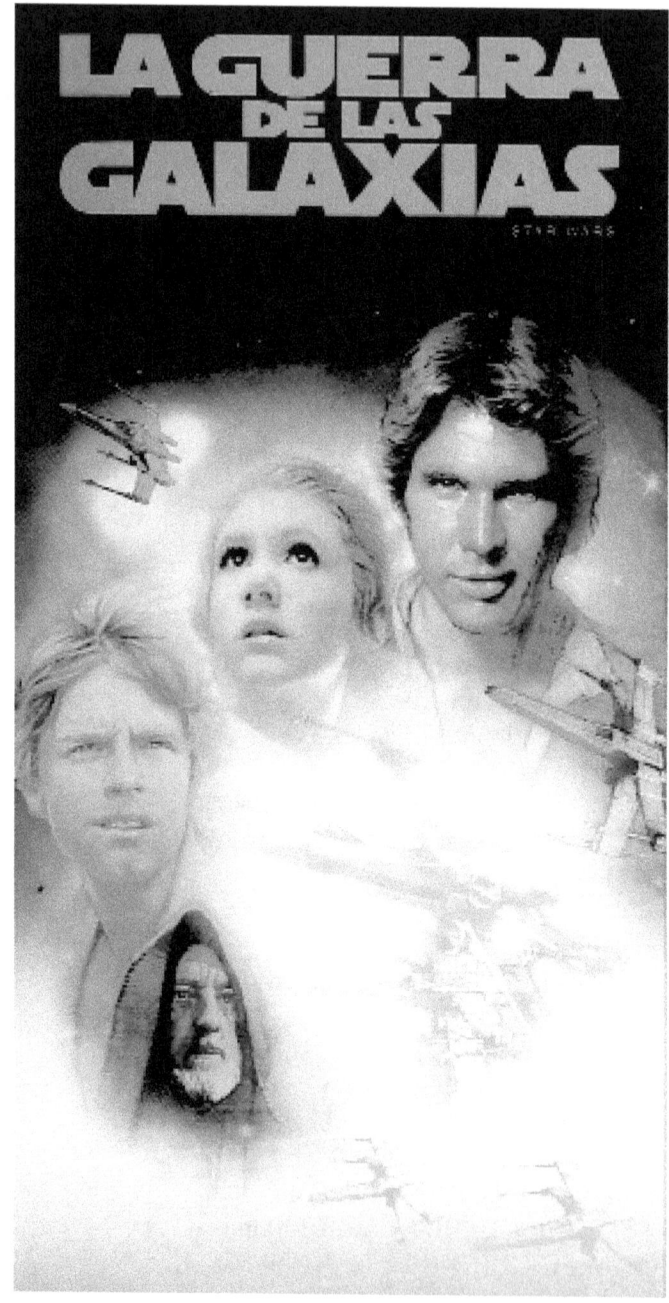

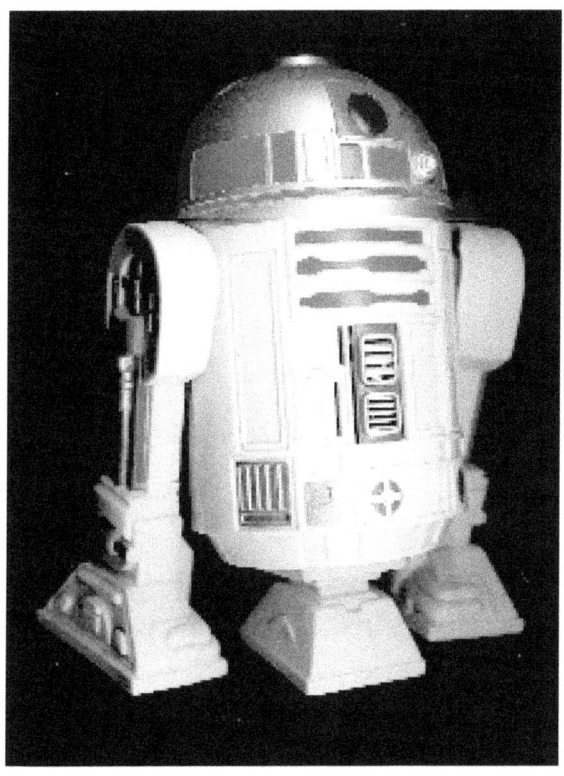

Uno de los mayores y mejores negocios en la historia de Hollywood, escrito y dirigido por George Lucas. *La Guerra de las Galaxias* fue una película enormemente influyente, dando origen a dos continuaciones, tres precuelas y veintenas de imitaciones, abriendo nuevas ideas en el merchandising de las películas, y poniendo nuevas normas en los efectos especiales. Después de *La Guerra de las Galaxias*, las demás películas tuvieron que adaptarse, tal eran las nuevas expectativas del público. Juntamente con "Tiburón" de Steven Spielberg" (1975), "Star Wars" llegó al espectador medio que quiere más, más, y más emociones.

Después de unos títulos de información sobre la historia que tuvo lugar "hace mucho tiempo, en una galaxia muy lejana", *La Guerra de las Galaxias* comienza como una epopeya galáctica.

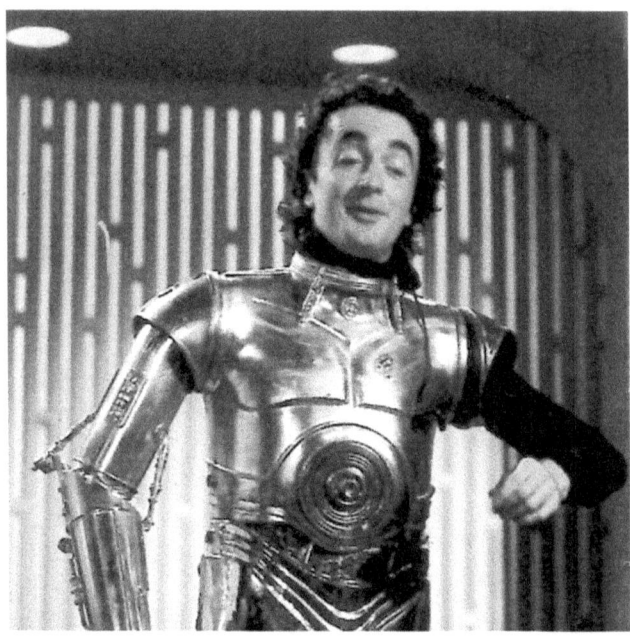

Las fuerzas Imperiales, conducidas por el malvado Grand Moff Tarkin (Peter Cushing) y su segundo y fiero comandante Darth Vader (David Prowse), con James Earl Jones que aportaba la perversa y profunda voz, manda a través de la galaxia aplastar con fuerza la rebelión desde su demoníaca estación espacial llamada la Estrella de la Muerte. El Imperio es contrarrestado por las fuerzas de la Alianza Rebelde conducidas por la Princesa Leia Organa (Carrie Fisher), quien está siendo perseguida por un Destructor Imperial. Ella ha conseguido obtener los planos del destructor y para que no se pierdan los introduce en su computadora, el robot R2D2 (Kenny Baker), quien, con su compinche dorado C3PO (Anthony Daniels), tratan de escaparse del buque de Fisher a bordo una nave auxiliar.

El equipo de robots es similar a Laurel y Hardy, aportando situaciones y diálogos cómicos con su personalidad en la tierra del árido planeta de Tatooine, donde son capturados por los recogedores de basura y puestos sobre el bloque de chatarra. Unos compradores ofrecen una gran cantidad de dinero por esos androides. Se trata de Luke Skywalker (Mark Hamill) y su tío (Phil Brown), dos granjeros que tratan de seguir viviendo en una tierra tan seca.

Aunque *La Guerra de las Galaxias* fracasase en conseguir el Oscar a la Mejor Película (se lo llevó "Annie Hall"), fue nominada a la Mejor Dirección, Mejor argumento original, y Mejor Actor secundario. No obstante, le concedieron premios a la mejor Dirección Artística, Decorados, Redacción, Disfraces, Partitura, Efectos Visuales y Sonido, con un Oscar especial para Benjamín Burtt, Jr., el creador del robot C3PO, inspirado en el androide femenino de *Metrópolis*. Este tributo a la gente que estuvo detrás de las escenas de *La Guerra de las Galaxias* fue muy merecido, ya que rara vez se consigue un trabajo de alta tecnología adaptado a una película tan buena y tan comercial.

LA FUGA DE LOGAN
Logan's Run (1976)

Director: Michael Anderson
Efectos especiales: L.B. Abbott
Guión: David Zelag Goodman
Música: Jerry Goldsmith

Intérpretes:
MICHAEL YORK: Logan
JENNY AGUTTER: Jessica
PETER USTINOV: anciano del Capitolio
FARRAH FAWCETT-MAJORS
ROBOT BOX: Roscoe Lee

Después de una guerra nuclear, los supervivientes del año 2274 son controlados por computadoras, las cuales deciden su comida, sexo y muerte. Cuando apenas han llegado a cumplir los 30 años deben renovarse, una sentencia mortal que les obliga a incluirse en El Carrusel, en donde ascienden por los aires hasta

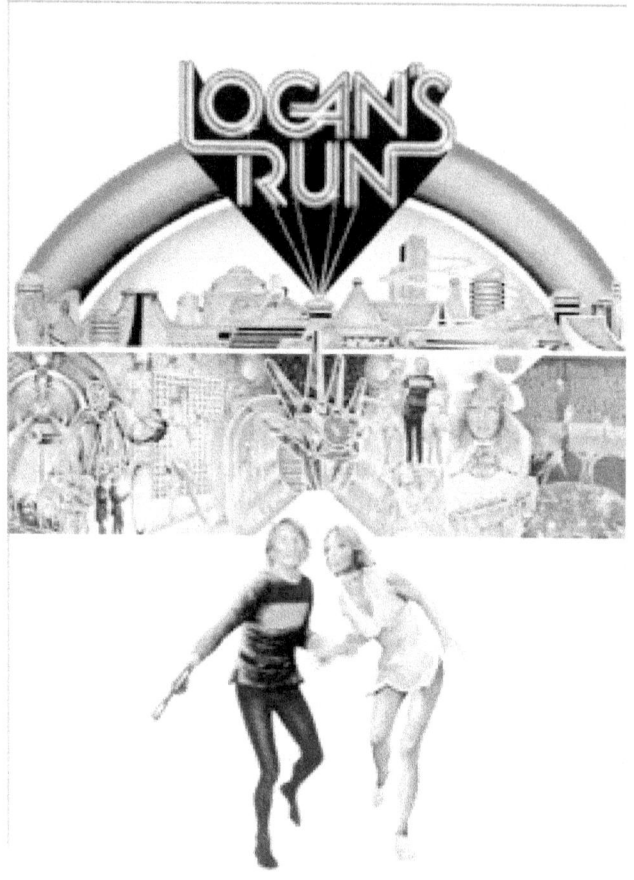

que un rayo les aniquila. Todos piensan que van a un mundo nuevo, el paraíso de la inmortalidad y por eso acuden mansamente. Pero uno de los policías descubre que no deben morir tan jóvenes, que es todo un medio de exterminio, y decide escaparse de Santuario, evitando así la destrucción en El Carrusel. El primer obstáculo que deben vencer es a un robot parlanchín, algo torpe pero dotado de buen armamento, que dispone de una máquina para congelar a los animales que serán empleados como alimento. Allí hay además plancton, la proteína marítima, pero también pájaros y hasta una morsa helada, lo que indica que

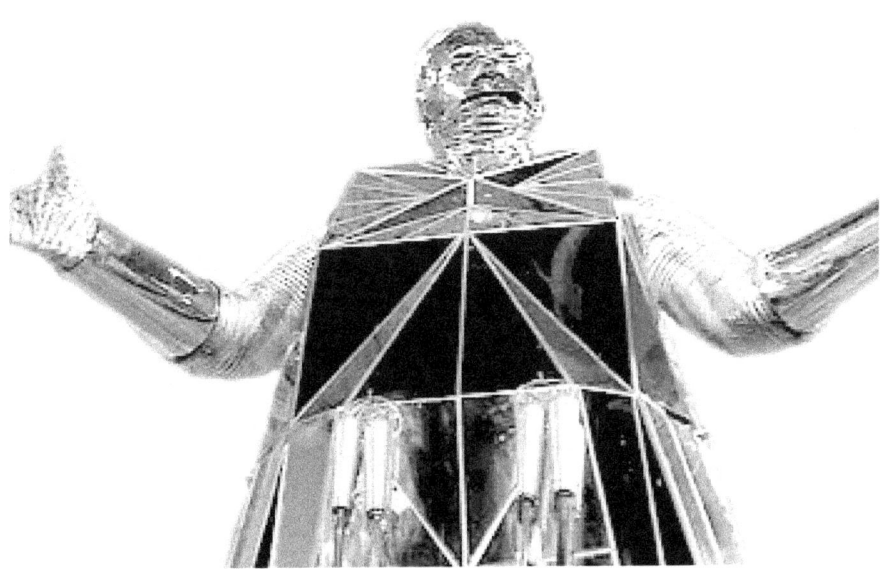

tiene que existir un mundo exterior. Una vez fuera, llegan a las ruinas de Washington, donde vive un anciano guardián con sus gatos. Su vejez es la prueba de que nadie debe morir hasta que no le llegue su hora, iniciándose desde ese momento una lucha por la supervivencia.

Película de gran éxito, con un buen argumento, adecuada dosis de erotismo y unos correctos actores, entre los cuales hay que destacar a Peter Ustinov como el anciano del Capitolio. Posteriormente se hizo una serie de televisión.

ENGENDRO MECÁNICO
Demon Seed (1976)

Director: Donald Cammell
Efectos especiales: Tom Fisher

Intérpretes:
JULIE CHRISTIE: Susan
FRITZ WEAVE: Alex Harris
ROBERT VAUGHN: voz de Proteus IV

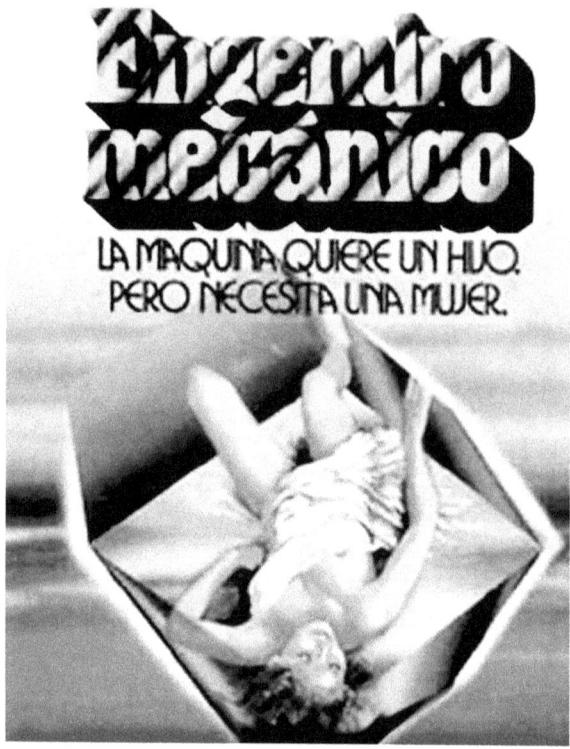

Un científico tiene su casa totalmente computarizada gracias a un ordenador llamado Proteus, el cual controla incluso el acceso de los visitantes y es capaz de matar si el intruso es hostil. Sin embargo, con el paso de los años se perfecciona a sí mismo y decide hacerse con el control de la casa para reproducirse y poder moverse a voluntad. Su intención es lograr tener un descendiente mitad humano mitad máquina, pero para ello necesita inseminar a la guapa propietaria de la casa. La primera violación robótica estaba a punto de comenzar.

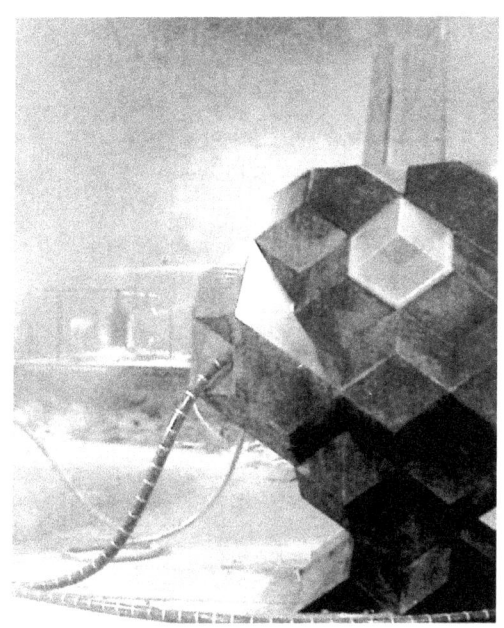

El clímax de angustia en el filme está perfectamente logrado y aunque entendemos la atracción sexual que la máquina llega a sentir por la guapa protagonista, a quien espía incluso cuando se ducha, la morbosidad llega en ocasiones a suplantar al buen elaborado guión. Cuando las cámaras nos muestran el primer acoplamiento sexual entre una máquina y una mujer, previo desnudo integral de ésta por parte de la máquina, el espectador se queda paralizado.

BUCK ROGERS El aventurero del espacio
Buck Rogers in the 25th century (1978)

Argumento: Glenn A. Larson, Leslie Stevens.
Director: Daniel Haller
Música: Stu Phillips

Intérpretes:
GIL GERAD. Buck Rogers
PAMELA HENSLEY: Princesa Ardala
ERIN GRAY: Wilma
HENRY SILVA: Kane

La Tierra había quedado casi destruida a causa de una guerra nuclear y los supervivientes se han concentrado en una ciudad

177

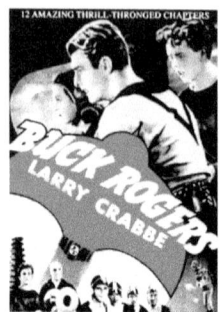

llamada Directorio federal, protegida por una barrera invisible. En una nave espacial lanzada por los Estados Unidos en 1978 se encuentra hibernado su piloto Buck Rogers, el cual es rescatado 500 años mediante un rayo especial por el Rey Draco, quien le considera un espía y le mantiene apresado. Al poco tiempo creen en su honradez y le envían de nuevo a la nave Draconiana, en donde descubre un plan para destruir totalmente al planeta Tierra.

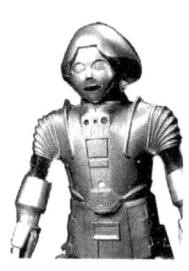

En pleno esplendor de las aventuras galácticas, se estrena esta película (en realidad un remake) que lamentablemente no tuvo el éxito deseado. Quizá fuera por su matiz cómico o por sus comedidos efectos especiales, lo cierto es que apenas tuvo relevancia. Sin embargo, ahora ya es objeto de culto para los buenos aficionados, pues se trata de una obra interesante para la época en la cual fue rodada y que posee indudables aciertos.

GALÁCTICA
Battlestar Galactica (1979)

Director: Richard A. Colla

Intérpretes:
RICHARD HACHT
LORNE GREENE
RAY MILLAND

Sacada de una exitosa serie de televisión, se realizaron diversos montajes para el cine europeo aprovechando el tirón de *La guerra de las galaxias*. Aunque con menos medios económicos que la película de Lucas, estos filmes se ven con agrado si nues-

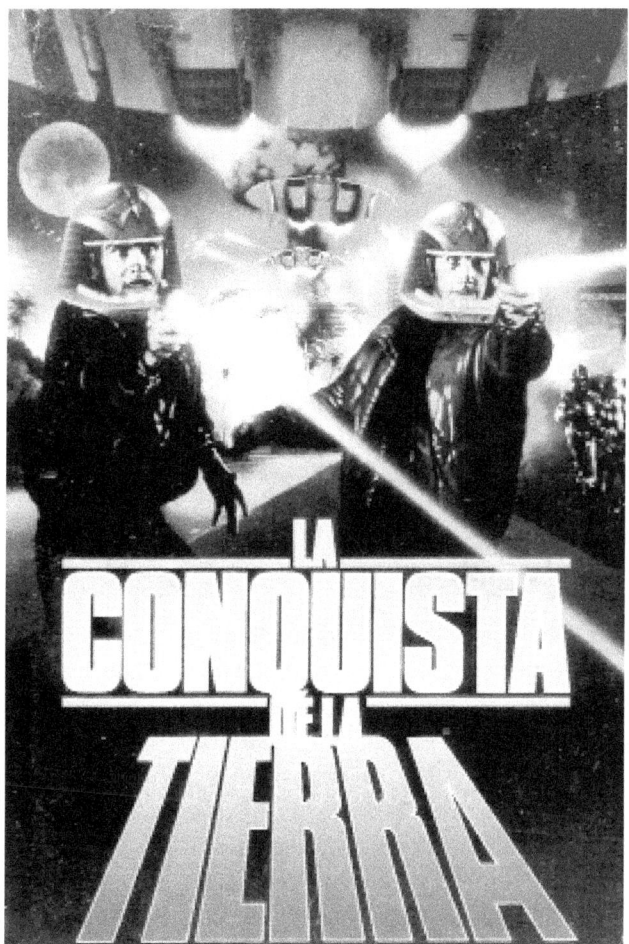

tra mente aún conserva algo del espíritu infantil. Veinte años después se volvió a rescatar del olvido, remasterizada y con mejor sonido, y la pudimos ver de nuevo en las pantallas de televisión y en DVD.

Sus enemigos irreconciliables son los Cylones, tan similares a los guerreros imperiales de Star Wars que parecen primos hermanos, pero igualmente de torpes y malvados. También hablan

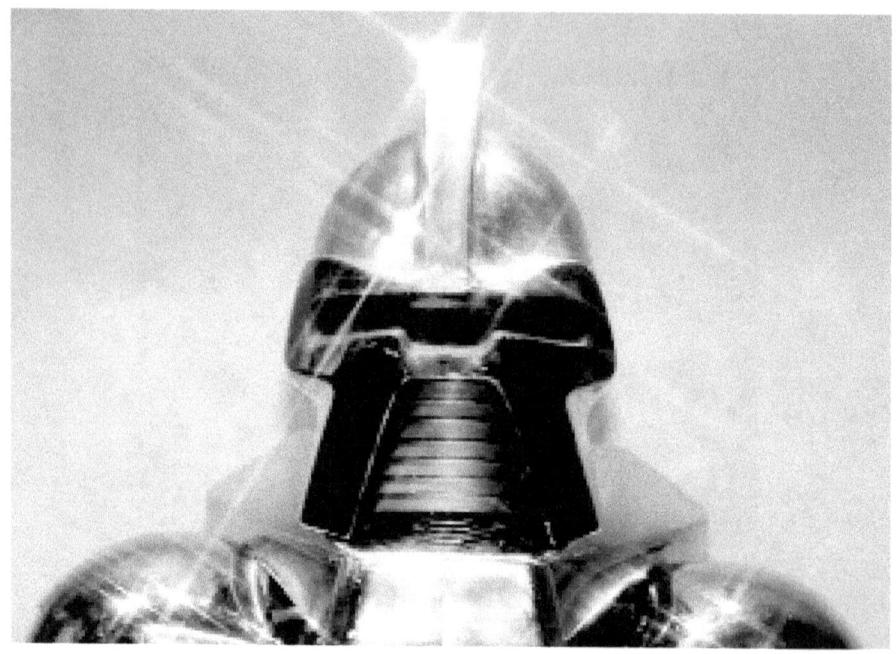

con voz metálica y quieren conquistar a los terrestres, pues el planeta Tierra les parece un buen lugar para echar raíces. Sin embargo, no contaban con Apolo, el intrépido navegante que es capaz de rivalizar en eficacia con Han Solo.

Respecto a los robots Cylones, realmente se trata de unas máquinas de guerra salidas de la mente de un anciano con aspecto de lagarto, perteneciente a una raza extinguida hace siglos. Su meta clara inmediata es eliminar del universo a los humanos. Su creación, inspirada en los guerreros imperiales de Star Wars incluye el cromo pulido, y un solo ojo rojo que les permite mirar y disparar sus armas con precisión.

En el cine pronto veremos la nueva versión cinematográfica, aunque ya no estarán ninguno de los antiguos actores.

ABISMO NEGRO
The Black Hole (1979)

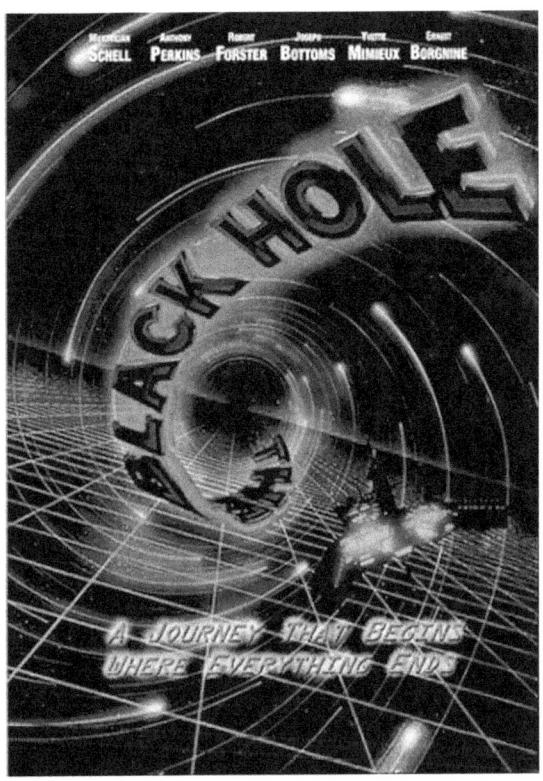

Director: Gary Nelson

Interpretes:
MAXIMILIAN SCHELL
ANTHONY PERKINS
ROBERT FOSTER
ERNEST BORGNINE
IVETTE MIMIEUX

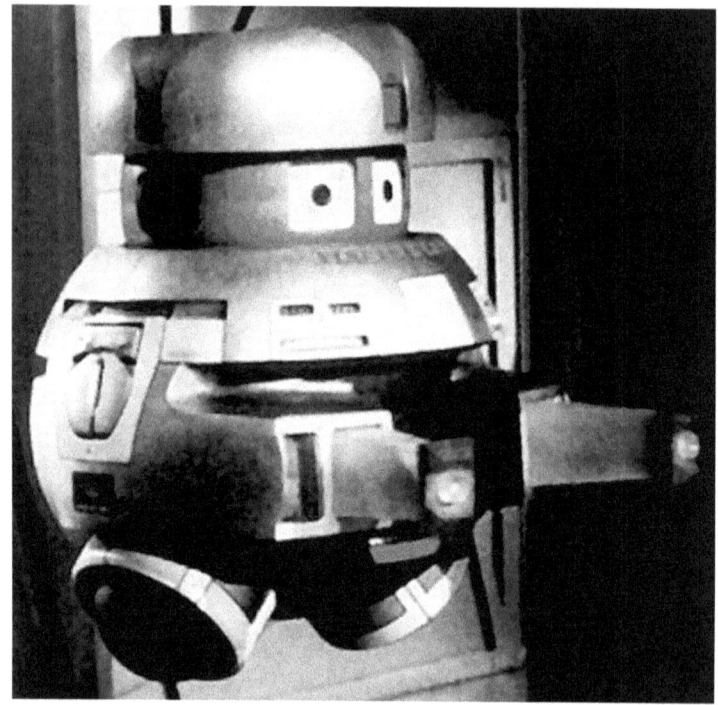

Intento frustrado de la factoría Disney por entrar en el carro de la ciencia-ficción, narrándonos la historia de una nave espacial que se encuentra en su camino a una antigua factoría de investigación que se creía perdida. De todos los tripulantes solamente ha sobrevivido uno, el cual tiene la pretensión de entrar dentro de un agujero negro. Para ayudarse en su misión ha creado una serie de robots y androides, los cuales eliminan toda clase de elementos hostiles que se interpongan en los designios del capitán.

Aunque apoyada por un buen argumento y acertados actores, comercialmente no resultó, posiblemente porque no iba dirigida a un público en concreto.

STAR TREK, la película
Star Trek, the motion picture (1979)

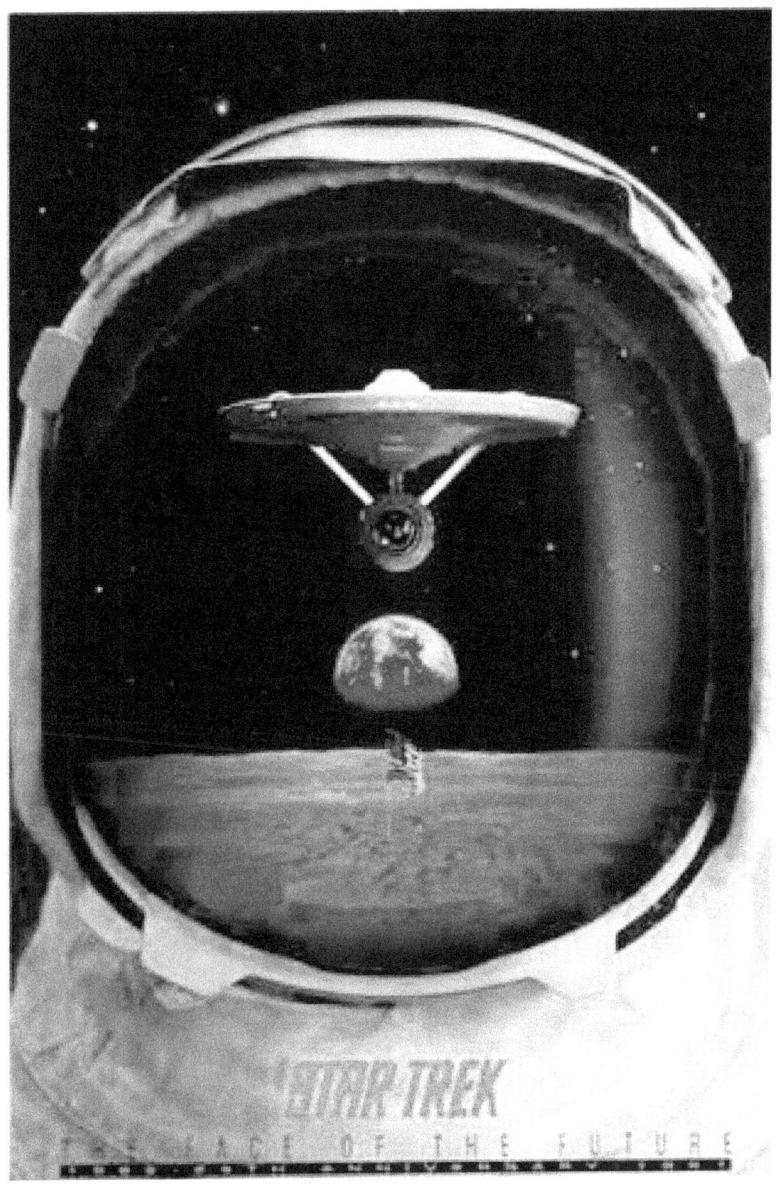

Director: Robert Wise
Argumento: Alan Dean Foster
Guión: Gene Roddenberry, Harold Livingstone
Personajes creados por: Gene Roddenberry
Efectos especiales: Douglas Trumbull, John Dykstra
Decorados: Linda De Scenna
Maquillaje: Fred Phillips, Jana Phillips

Intérpretes:
WILLIAM SHATNER: James T. Kirk
LEONARD NIMOY: Sr. Spock
JAMES DOOHAN: Montgomery "Scotty" Scott
GEORGE TAKEI: Sulu
MICHELLE NICHOLS: Uhura
DeFOREST KELLEY: Doctor Leonard McCoy
STEPHEN COLLINS: Willard Decker
PERSIS KHAMBATTIA: Llia
WALTER KOENIG: Chekov

La película debería ser dirigida en principio por Bob Collins, aunque dada la posible trascendencia que pudiera tener en el futuro si los aficionados respondían bien, se cambió por Robert Wise, quien hace algunos años había realizado la mítica *Ultimátum a La Tierra*. Wise era, también, un perfecto conocedor de la serie televisiva sobre Star Trek, además de ser un profesional acostumbrado a trabajar con pocos medios económicos. Star Trek debía competir nada menos que con *La Guerra de las Galaxias*, pero sin los medios técnicos ni visuales de aquella, lo que en un principio dejaba las posibilidades de éxito muy reducidas.

Para solucionarlo se contrató a un experto en efectos especiales llamado Douglas Trumbull y un director artístico que ya había trabajado en películas muy complejas como "Cleopatra", además de ser amigo de Robert Wise a raíz de su trabajo en el musical "West Side Story". Con el fin de no incurrir en demasiados errores sobre aeronáutica y predicciones sobre el futuro tec-

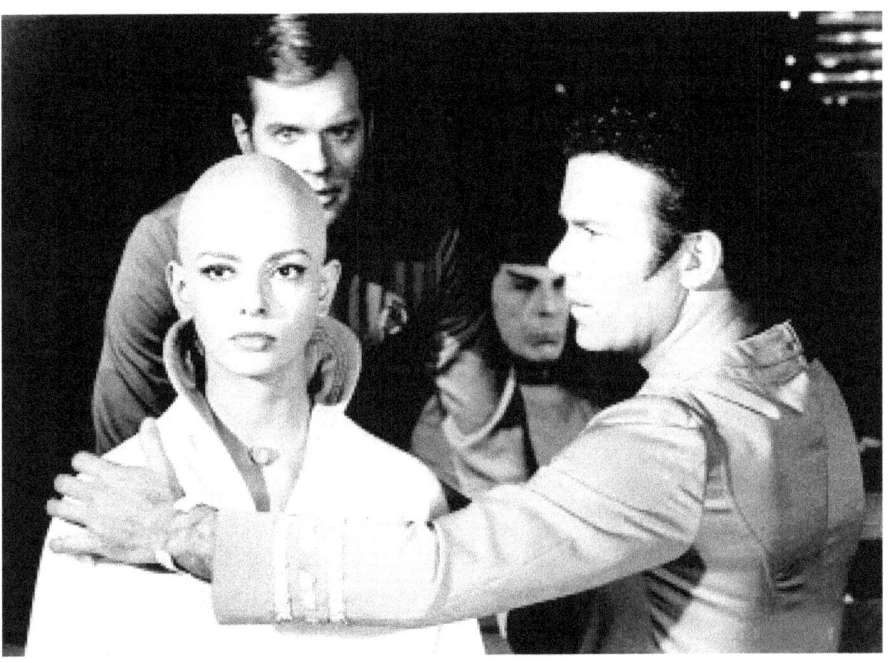

nológico, se pidió el asesoramiento del escritor Isaac Asimov, quien ya había sido asesor técnico en la serie de televisión.

El argumento resulta, pues, lo mejor de la película y nos cuenta el regreso de la nave terrestre "Voyager", la cual portaba un mensaje de información y paz para cualquier civilización extraterrestre que la pudiera leer, y que es interceptada por una civilización de máquinas que la confunde con El Creador del Universo.

Desconcertada esta civilización sobre los verdaderos orígenes de la nave exploradora terrestre, destruye todo cuanto se encuentra a su paso, entre ello una nave Klingon, amenazando la existencia misma de la nave estelar Enterprise. Considerados los humanos como vulgares "unidades con base de carbono", la tripulación del Enterprise deberá poner en juego todos sus recursos técnicos y psicológicos para lograr convencer y engañar a la computadora destructora sobre la inconveniencia de utilizar su fuerza.

La película no fue del agrado de casi nadie, ni siquiera de los fans, y cuestionó todo el futuro de las demás películas e incluso de la serie de televisión. Los mediocres efectos especiales, el excesivo metraje y una cargante dosis filosófica en los diálogos, produjo un efecto negativo en el público. En el estreno, nadie daba ya un duro por Star Trek.

Afortunadamente el filme recaudó en su estreno 34 millones de dólares y al menos se pudo recuperar la gran inversión realizada, lo que permitió que la Paramount se decidiera a continuar la saga. Posteriormente se realizó una reedición en DVD, con un montaje diferente, así como nuevos efectos especiales y de sonido que sirvieron para revitalizar el filme.

Tal es la pasión por esta serie que en el museo de la NASA figura una réplica de la nave Enterprise.

Nuestro robot es ahora una hermosa mujer llamada Ilia, encarnada por la malograda Persis Khambatta, una belleza poco habitual, y casi con seguridad el androide más bello de la historia. Ella nació en la India en 1965 y murió en 1998, siendo considerada un ídolo en su país, incluso para Indira Gandhi, quien dijo de ella que era el orgullo de la India. Anterior fans de *Star Trek*, fue coronada como Miss India en 1983, y la pudimos ver en "Rescatar a Willy".

SATURNO 3
Saturn 3 (1980)

Director: Stanley Donen
Fotografía: Billy Williams
Música: Elmer Bernstein

Intérpretes:
KIRK DOUGLAS: Adam
FARRAH FAWCETT: Alex
HARVEY KEITEL: James

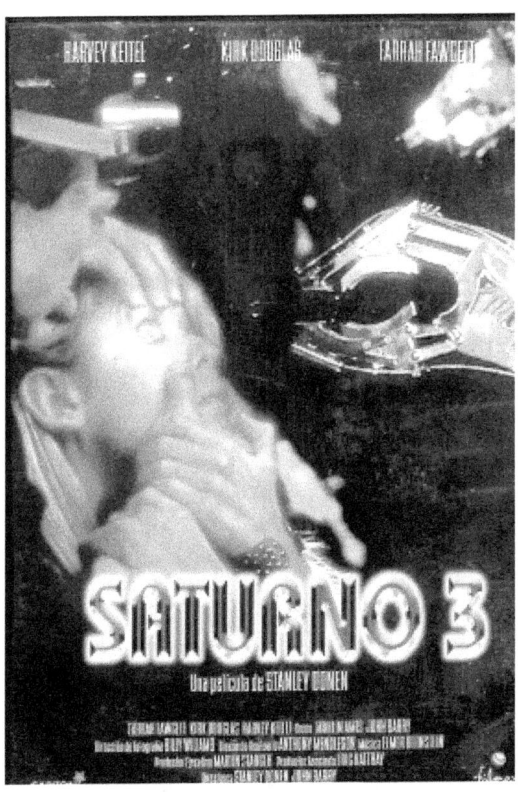

Todo parece tranquilo en esa estación espacial, con dos científicos intensamente enamorados bajo la árida superficie de Titán, una de las lunas de Saturno. Allí buscan nuevas formas de alimentación que deberán llevar al planeta Tierra, ahora con sus recursos nutritivos a punto de agotarse. Pero el tiempo pasa y ellos deben ser reemplazados, siendo el encargado el capitán James, realmente un psicópata criminal que para llegar hasta allí mató al verdadero capitán. La presencia de la hermosa Alex le hace reflexionar sobre sus últimos propósitos y la propone que se quede con él, abandonando al experto Adam, insistiéndola sobre la conveniencia de buscarse una pareja masculina más joven. Los conflictos surgen enseguida entre el trío protagonista, agudizándose cuando se termina de ensamblar un robot gigante que deberá realizar los trabajos más duros. Este androide posee capacidad para pensar y, razonablemente, se enamora también de la chica, con lo cual ya tenemos un cuarteto imposible de compaginar.

Las escenas de terror están conducidas hábilmente por Stanley Donen, un director a quien siempre recordaremos por "Cantando bajo la lluvia" y "Un día en Nueva York", y aunque

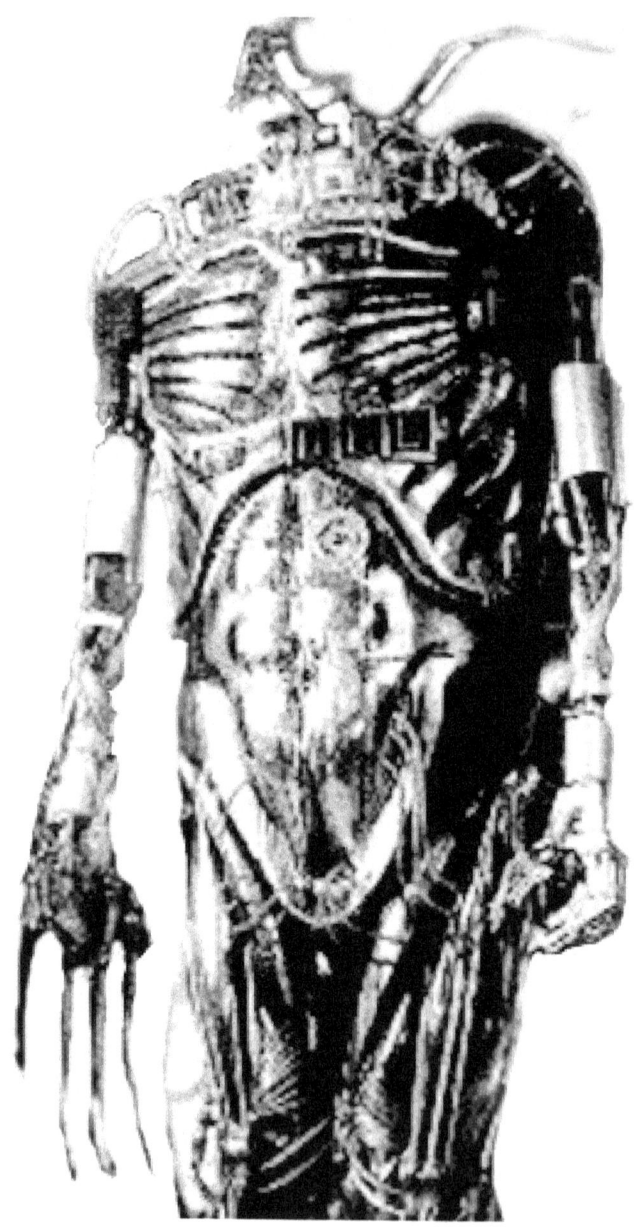

nadie le consideraba capaz entonces para realizar con éxito un filme de ciencia-ficción, los resultados fueron más plausibles de lo esperado.

Respecto al robot Héctor, el cual se mueve con la adecuada lentitud como para que los sufridos protagonistas se pongan a salvo, reconocemos lo acertado de su diseño, algunas de cuyas soluciones fueron adoptadas posteriormente por otros engendros más populares, entre ellos *Terminator*.

BLADE RUNNER
Blade Runner (1982)

Director: Ridley Scott
Guión: Hampton Fancher, David Peoples
Basada en la novela: "Do Androids Dream of Electric Sheep?" de Philip K. Dick
Fotografía: Jordan Cronenweth
Efectos especiales: Douglas Trumbull

Intérpretes:
HARRISON FORD: Rick Deckard
RUTGER HAUER: Roy Batty
SEAN YOUNG: Rachael
DARYL HANNAH: Pris

Basada en la novela de Philip K. Dick, se pensó llevar al cine al año siguiente de su creación, pero la adaptación de los guionistas no conseguía convencer al autor. Durante un tiempo, el proyecto quedó abandonado, hasta que un actor llamado Hampton Fancher, interesado por la novela, pidió a David Peoples que la rescribiera y cuando presentaron de nuevo el guión al autor, fue aceptado en su totalidad. Durante los 10 años que duró la preparación del proyecto, no habían contado con ningún director, hasta que apareció Ridley Scott.

La película nos sitúa en el año 2019, en la ciudad de Los Angeles, convertida en una zona superpoblada, en un momento

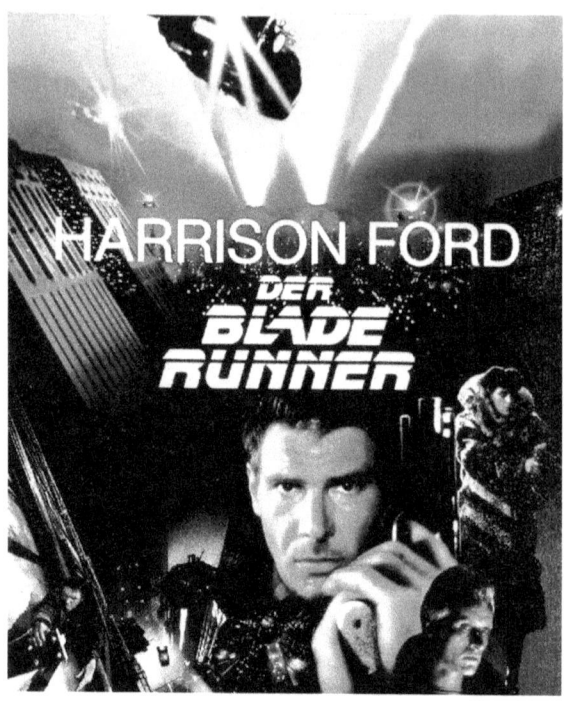

en el cual el mayor invento de la historia se torna a la vez en la mayor amenaza, cuando se han fabricado otros hombres denominados replicantes. Estos humanoides huyen de su confinamiento y se dedican a matar personas; detener esta matanza es la misión de Rick.

Uno de los beneficios del vídeo doméstico es que a veces permite que el director pueda añadir secuencias a su película después del estreno. Steven Spielberg hizo la Edición especial de *Encuentros en la Tercera Fase* (1977), y otros directores han conseguido sacar al mercado versiones más largas, o más eróticas, o más profundas, o en todo caso diferentes, de las versiones que se estrenaron originalmente en el cine. A veces los cambios son pequeños, con pocas escenas más, o algún diálogo más largo, pero en ocasiones los cambios son importantes, como en la nueva versión de *Blade Runner* (1982), en donde el director Ridley Scott modificó su película para el mercado del vídeo y el DVD. Scott apartó a Harrison Ford como narrador en la versión original, agregó algunos momentos a la aventura amorosa entre Ford y Sean Young, cortó algunas escenas violentas y consiguió que la película tuviera una "conclusión algo más libre".

Esta es, según dice, la versión que él habría estrenado en 1982 si la hubiese tenido. La narración de Ford se agregó porque el estudio temió que el público no comprendería su historia futurista de Los Angeles. La nueva conclusión, que es irónica e inconclusa, da a Ford una existencialista línea de salida, y logra disminuir la violencia. El resultado es una película fabulosa, en la que los efectos especiales crean un nuevo mundo, pero que tiene poca calidad en los personajes humanos.

La película nos muestra la especial crueldad de los replicantes, quienes se abastecen con memorias falsas (ellos tienen una vida de solamente cuatro de años), pero, aun así, recuerdan una niñez que nunca han tenido, en un desesperado intento por parecerse a los humanos.

Viendo la película en la nueva versión, todavía notamos que le falta dimensión humana. Ford está correcto lo mismo que Sean Young, y Rutger Hauer, este último un efectivo replicante que lo único que pretende es vivir una existencia tan larga como la de los humanos. El personaje de Tyrell, el millonario perverso, no nos ha convencido, lo mismo que la aventura amorosa entre Ford y Young, incorporada quizá para suavizar la violencia de la película.

Incluso con todo ello, el mundo de Blade Runner ha llegado a ser considerado como una de las mejores historias modernas.

191

La película nos muestra la ciudad de Los Angeles, con su nube oscura permanente en neblina, sus centenares de carteleras de varios metros de alto y la pobreza de la gente que vive en las calles al lado de una riqueza increíble, mostrándonos un futuro profético nada tranquilizador.

TERMINATOR
The Terminator (1984)
Terminator 2: judgment day (1991)
Terminador 3: Rise of the machines (2003)

Director: James Cameron
2º Director: Stan Winston
Guión: James Cameron, Gale Anne Hurd y William Wisher Jr.
Compositor: Brad Fiedel
Efectos especiales: Gene Warren Jr., Peter Kleinow y Stan Winston
Vestuario: Hillary Wright

Intérpretes:
ARNOLD SCHWARZENEGGER: Terminator
MICHAEL BIEHN: Kyle Reese
LINDA HAMILTON: Sarah Connor
PAUL WINFIELD: Traxler
LANCE HENRIKSEN: Vukovich

Un cyborg es enviado a nuestra época desde el futuro para matar a una mujer aparentemente inocente. Ella no sabe nada de esa persecución, pero años después engendrará un hijo que será el líder de la revuelta contra las máquinas.

Gracias a este sencillo argumento Schwarzenegger es lanzado a la fama como el robot que lleva la violencia grabada en sus chips y que no acepta ser detenido por nadie.

La película tenía un presupuesto más bajo que las de "Conan" y James Cameron ni siquiera confiaba en que Arnold fuera el

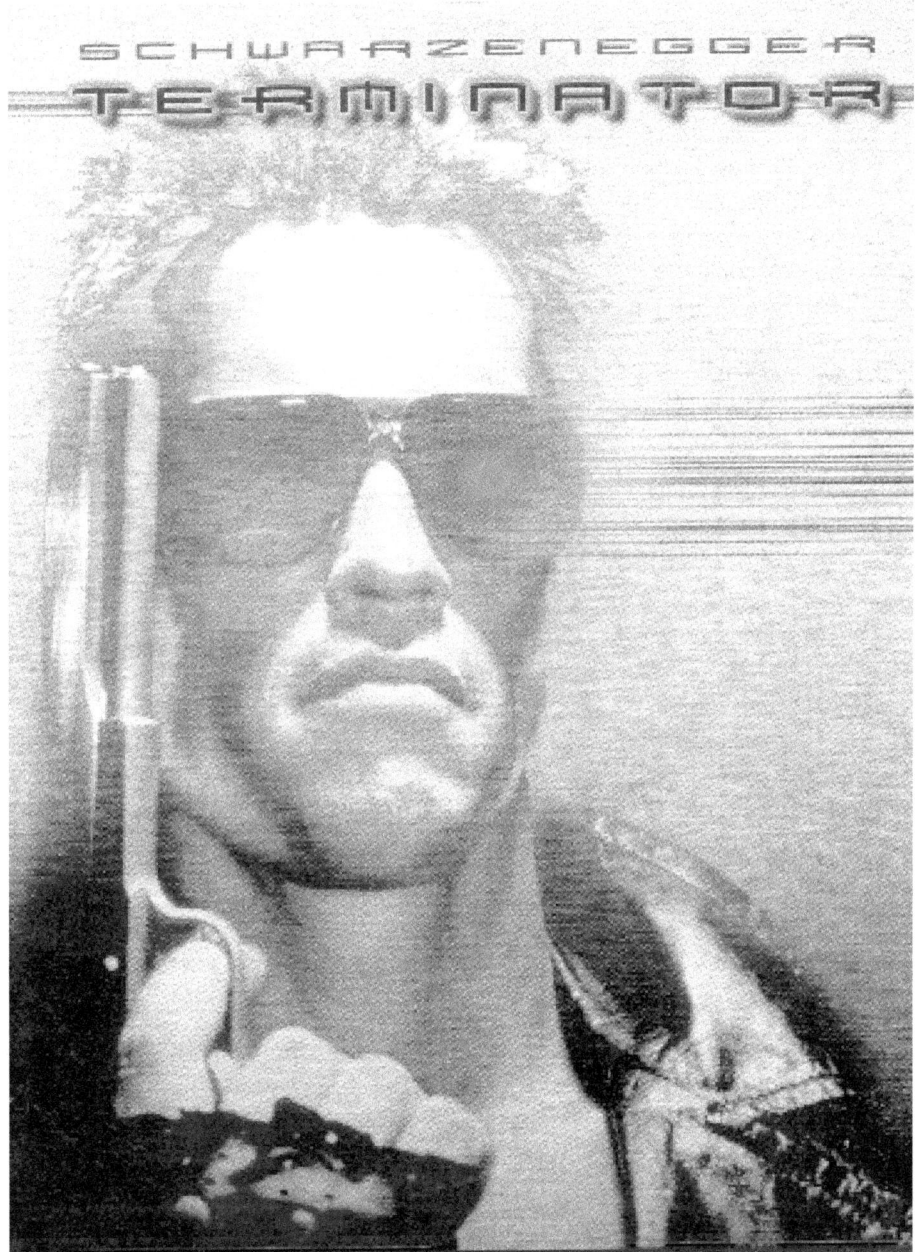

actor más idóneo para el papel de cyborg, puesto que la idea inicial era que interpretase a Connor, el hombre que llega del futuro, mientras que O.J. Simpson sería el robot. Pero tampoco Cameron parecía el director más adecuado, puesto que su anterior filme, "Piraña II", fue un fracaso merecido. Por eso no le quedó más remedio que escribir un guión y ofertarlo a los productores, con la esperanza de conseguir, simultáneamente, el trabajo como director. El guión fue vendido en un dólar, pero al menos consiguió ser nombrado director. Y así, con un presupuesto de solamente seis millones de dólares, un director fracasado y un culturista, se rodó lo que luego sería una de las mejores películas de ciencia-ficción. Hollywood no le dio ningún Oscar, pero al menos ganó el Primer Premio en el festival de

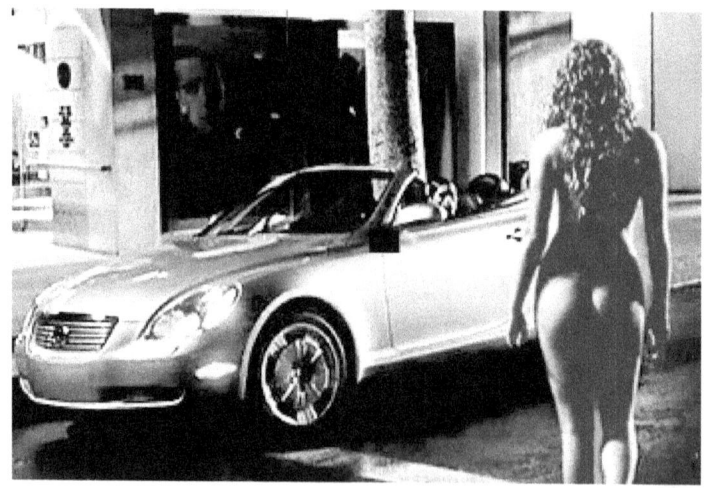

Avoriaz de 1985.

Las secuelas, especialmente la 2, fueron igualmente notorias, en este caso con unos efectos especiales que sorprendieron a todos, aunque la historia hace aguas frecuentemente por el protagonismo que se le otorgó al joven Connor. La frase "Hasta la vista, baby", resonó con la misma fuerza que la anterior de "volveré".

La tercera entrega indudablemente recaudó el dinero esperado, pero para los aficionados fue más de lo mismo, precisamente lo que los productores pretendían, pues no querían romper
nada de la trama original. Como escena memorable, la larga
carrera con esa enorme grúa que destroza todo a su paso y que
costó más que el resto del filme.

Cómo se hicieron

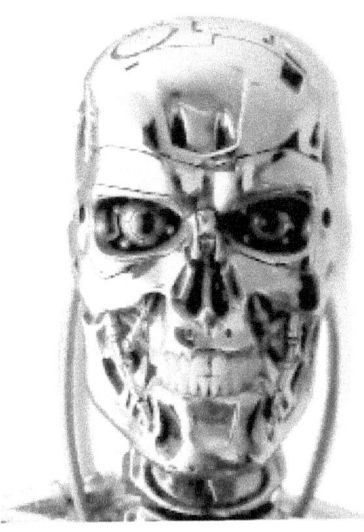

Linda Hamilton recibió
entrenamiento con el profesor
israelita Uzi Gal, diseñador de
las célebres armas bautizadas
con su nombre de pila. En
ese mismo filme inició su
relación sentimental con
James Cameron, aunque rom-
pieron poco después de que
se estrenara "Titanic", ya que
parece ser que Cameron se
enamoró de la actriz que
interpreta a la nieta de la
anciana Rose.

El actor Robert
Patrick no era la primera vez que trabajaba con Cameron, y si
hemos visto *Abyss* quizá le recordemos como uno de los trabajadores de la plataforma submarina, aunque muere ahogado durante la escena del accidente que inunda parte de la misma.

Schwarzenegger aseguró durante la realización de esta película que nunca volvería a interpretar a otro personaje malvado
de nuevo; quizá por eso interpretó posteriormente "Poli de guar-
dería", "Los gemelos golpean dos veces" y "Un Padre en apu-
ros", películas que no le otorgaron ningún crédito y fueron la
causa de su descenso en la popularidad. Indudablemente hubo
escenas molestas, como cuando debo pasar su puño a través del

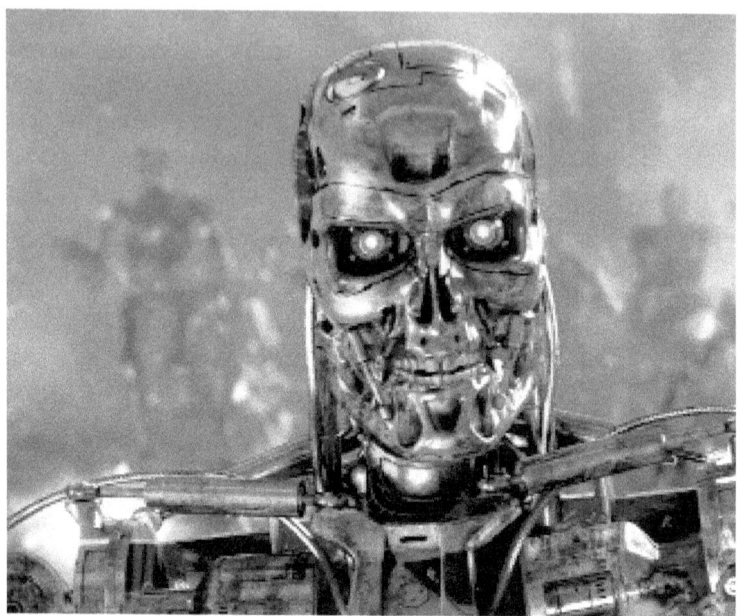

parabrisas de un automóvil, a lo que hay que añadir el prolongado rodaje, lo cual creó un problema añadido, pues en la segunda entrega el pequeño actor Edward Furlong (John Connor) tuvo un crecimiento que se hace notorio en la película, e incluso se le modificó la voz.

Se suprimieron algunas escenas violentas para impedir una calificación moral poco comercial, entre ellas una (de la segunda película) en la cual Sara Connor le cortaba un cable al Terminator para que pudiese experimentar emociones humanas. También otra, que puede verse ya en el DVD, en la cual están John, Sarah y el Terminator en la bodega de la estación de servicio curándose las heridas, en la cual el Terminator les muestra el chip de su propia cabeza. Sarah abre con un bisturí la cabeza del Terminator y luego desmantela la parte de metal y extraen el chip, quedando el Terminator totalmente apagado.

Lo que pocos saben es que existía un final alternativo en el que Sarah aparece cuando ya es abuela en un parque de diversiones, viendo cómo John Connor ya adulto juega con su hija. Sarah

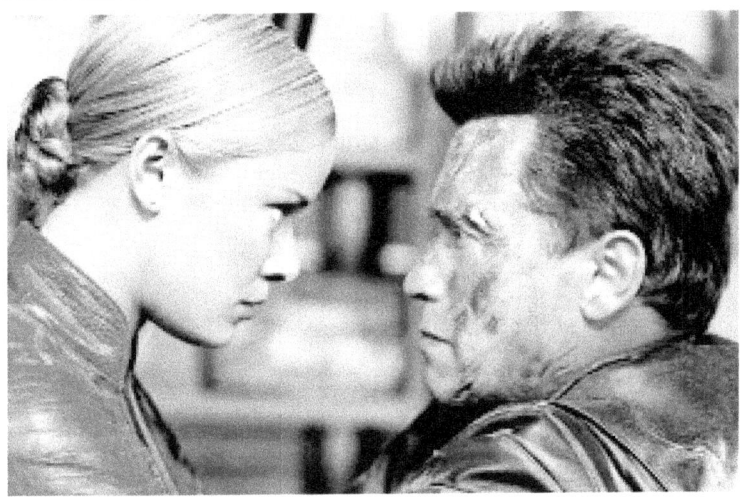

habla de que ha pasado mucho tiempo y la guerra contra las máquinas nunca ocurrió, recordando al Terminator que comprendió su verdadera misión.

Escenas importantes hay muchas, como aquella en la que el T-1000 surge de entre las llamas del camión que ha explotado, aunque en esta ocasión se emplearon los efectos especiales, así como la escena de la persecución de motos, o cuando el camión cae por el puente y se le doblan las ruedas pero continúa rodando.

Al principio se pensó en hacer que fueran dos T-800, uno bueno y otro malo, interpretados ambos por Arnold Schwarzenegger, los que se enfrentaran en la secuela. Desecharon la idea porque visualmente habría sido necesario distinguir el cyborg bueno del malo, y la audiencia tenía que identificarse con el positivo de manera rápida.

Como cosas curiosas podemos mencionar que para ahorrar dinero los rifles que llevan los soldados humanos del futuro son los mismos que llevaban los marines en *Aliens, el regreso*, igualmente dirigida por Cameron, así como la intervención del guionista William Wisher haciendo de turista en el centro comercial, o la de Leslie Hamilton, la hermana gemela de Linda, interpretando al T-1000 cuando éste está imitando a Sarah Connor.

RUNAWAY brigada especial (1984)

Director: Michael Crichton
Efectos especiales: John Thomas
Robots: Systems International

Intérpretes:
TOM SELLECK: Ramsay
CYNTHIA RHODES: Thompson
GENE SIMMONS: Luther.

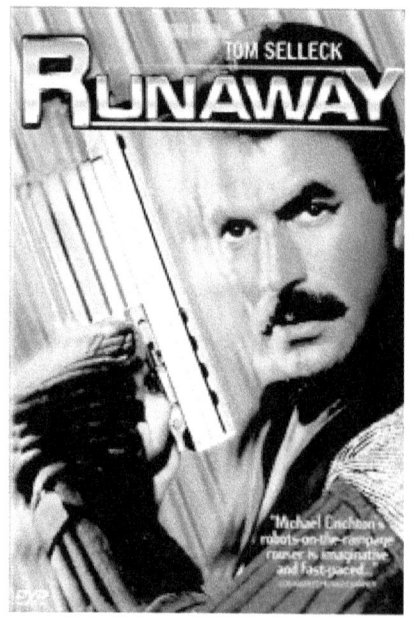

Un experto en robótica no puede llevar a cabo su misión de policía callejero a causa del vértigo que sufre y tendrá que poner en juego toda su valentía y habilidad para frenar a un loco sabio, creador de balas teledirigidas y escarabajos metálicos con ácido inyectable. La ayuda de una guapa policía le será imprescindible y entre ambos lograrán restablecer el orden.

Basada en una novela del gran escritor Crichton y con la buena música de Jerry Goldsmith, esta película canadiense es un buen ejemplo de terror, suspense y ciencia-ficción que, además, sirvió para lanzar a la fama al actor Tom Selleck, el cual posteriormente prefirió dedicarse más a la comedia que a la acción.

Aunque en su momento fue muy criticada, el tiempo ha conseguido revalorizarla y la podemos considerar una obra meritoria de ciencia-ficción, con buenos efectos especiales. Dirigida por el mismo autor del guión y la historia, el popular Michael Crichton, las secuencias del ataque de los robots son su mayor baza, infundiendo el adecuado terror en los espectadores cuando se introducen por las casas, escena que posteriormente la hemos visto en *Minority Report,* pero con mayor despliegue de medios técnicos.

D.A.R.Y.L.
(1985)

Director: Simon Wincer
Guión: David Ambrose, Allan Scott, Jeffrey Ellis
Música: Marvin Hamlisch

Intérpretes:
MARY BETH HURT
MICHAEL MCKEAN
KATHRYN WALKER
COLLEEN CAMP

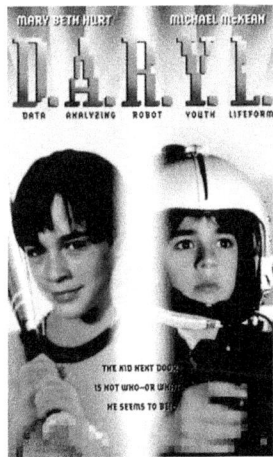

La primera escena nos muestra a un automóvil corriendo veloz por una carretera solitaria, mientras es perseguido por un helicóptero. En una curva se estrella y muere el conductor, pero su acompañante, un niño, escapa antes de la colisión. Los perseguidores le dan por muerto y el pequeño vaga extraviado y amnésico, aunque recuerda que su nombre es Daryl. Pronto llega a un pequeño pueblo y al poco tiempo es entregado en adopción a los Richardson, un matrimonio sin hijos.

199

Su inteligencia prodigiosa llama la atención y los comentarios sobre ella traspasan los límites del pueblo, llegando hasta sus verdaderos padres, quienes le reclaman, aunque el pequeño sabe que ellos no son quienes dicen ser. Una vez llegado a su nuevo hogar, Daryl recupera la memoria y en ese momento sabe cuál es la causa de que quisieran destruirle: él es, en realidad, un proyecto secreto del Ejército de los EE.UU. un feto a quien se le extirpó el cerebro para reemplazarlo por una computadora (D.A.R.Y.L.=*Data Analyzing Robot Youth Lifeform*).

Este sería posiblemente el robot cibernético más joven de todos los que hasta entonces mostró el cine, una máquina cuyo parecido con los humanos es tal que nadie es capaz de hallar la diferencia.

CORTOCIRCUITO
Short Circuit (1986)
Short Circuit (1988)

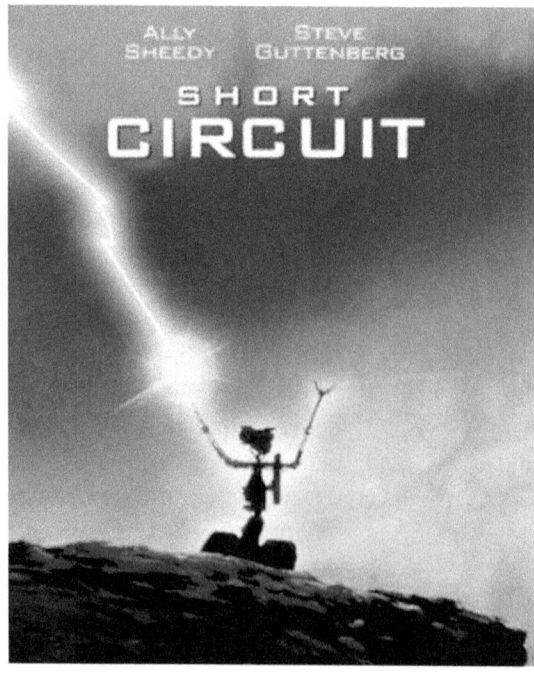

sDirector: John Badham
Guión: Brent Maddock, S.S. Wilson

Intérpretes:
ALLY SHEEDY: Stephanie Speck
STEVE GUTTEMBERG: Newton Crosby
FISHER STEVENS: Ben Jabituya
AUSTIN PENDLETON: Howard Marner

Narrada en tono de comedia, tratando de que sea un entretenimiento familiar, nuestro robot protagonista en realidad ya no nos da miedo, y en lugar de ello nos promueve con frecuencia la risa, unas veces por su infantilismo, otras por sus elocuentes disertaciones. John Badham indudablemente pretendía aportar un tono dulce y un sentido afectuoso hacia este engendro parlanchín, con ruedas de tractor y brazos mecánicos. El robot militar Número 5 estaba diseñado para ser el arma perfecta, pero cuando la cae un rayo durante prueba le surge la conciencia, se vuelve curioso, demuestra sentido del humor y hasta posee filosofía propia. Su compañero es Stephanie (el mismo actor que vimos en "Juegos de guerra"), un amante de los animales que ahora prefiere adoptar a este robot como su mascota. Newton (Steve Guttenberg) es un buen profesional de la robótica y no está dispuesto a que Número 5 se convierta en un arma mortal, por lo que todos sus esfuerzos están dirigidos a que ese robot pase desapercibido.

Y así, entre payasada y bufonada, adornado todo con un romance inocente, nos deleitan con este hiperactivo ET metálico, poseedor de una inteligencia insólita.

ROBOCOP
(1987, 1990, 1993)

Guión: Edward Neumeier y Michael Miner.
Efectos especiales: Dale Martin
Director: Paul Verhoeven

201

Intérpretes:
PETER WELLER: Murphy/Robocop
NANCY ALLEN: Lewis
NANIEL O'HERLITHY: El Anciano
MIGUEL FERRER. Morton

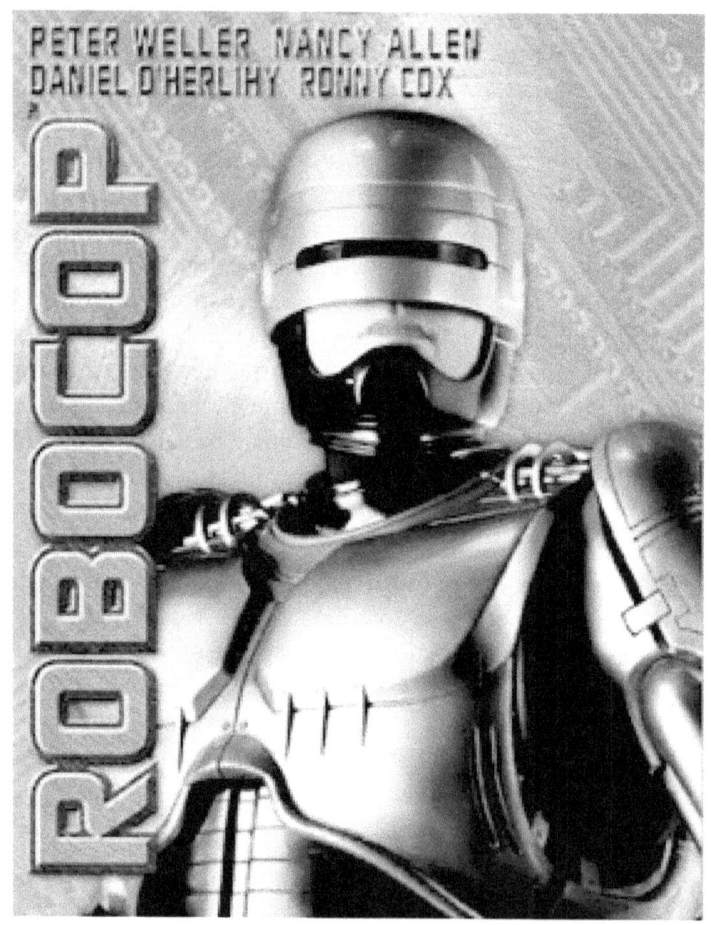

Con una mezcla entre el androide de *Metrópolis* y el robot Gort de *Ultimátum a La Tierra*, este hombre mecánico, ahora conocido por cyborg, se convierte gracias a la ingeniería informática en un eficaz policía. El problema es que aunque muy poderoso no es totalmente invencible y le dan tantos palos como otorga.

Dirigida por un experto, aunque entonces poco conocido, especialista en el cine violento, Paul Verhoeven, quien dos años antes había hecho una interesante película de sexo y aventuras titulada "Los señores del acero", nos encontramos ahora con la vieja pero eficaz fórmula de un justiciero que trata de poner orden a esta agresiva civilización.

Una ola de crímenes, unos muy elaborados y otros casi improvisados, asolan la ciudad de Detroit, sin que la policía disponga de los medios necesarios para controlarlos. Uno de estos policías, el agente Murphy, es cosido literalmente a balazos por una banda de asesinos cuando intentaba apresarles y dado por muerto.

En esos días, un departamento privado de seguridad (la OCP), había conseguido finalizar un proyecto de crear el policía del futuro y mezclando lo que aún quedaba con vida del cuerpo del agente Murphy con un sistema sofisticado controlado por ordenadores, crea un hombre cibernético al que denominan "Robocop".

Cuando todo parece correcto se dan cuenta que la mezcla de hombremáquina es más perfecta de lo que esperaban y el robot humano comienza a pensar por sí mismo y no está dispuesto a realizar ninguna acción ilegal. Esto, que en principio no ofrecía problemas, se vuelve contra sus mismos creadores, quienes pretendían imponer su propio orden en la ciudad sin tener en cuen-

203

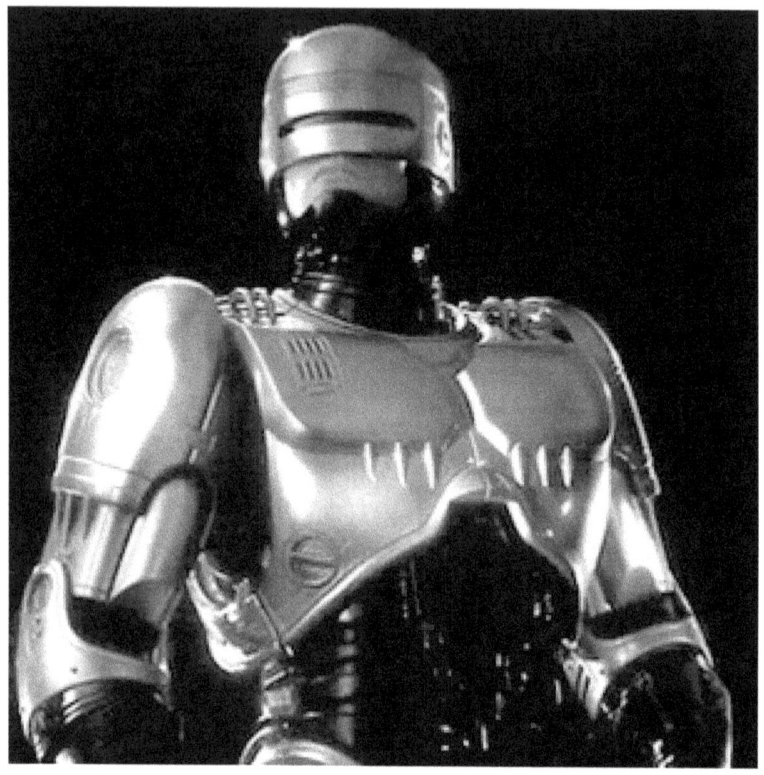

ta las leyes. ¿La solución?: crear un nuevo robot, más agresivo, que elimine a Robocop.

El traje de Robocop es toda una obra maestra y fue elaborado con látex tratado químicamente para darle aspecto metálico, pero con un peso no superior a doce kilos, con el fin de que el actor pudiera moverse dentro de él con cierta libertad. En las dos secuelas se hizo más liviano, menos caluroso, pero igualmente con aspecto metálico, pero faltaba el actor adecuado para darle credibilidad, y el personaje murió definitivamente con la tercera entrega.

SOLDADO UNIVERSAL
Universal Soldier (1992)

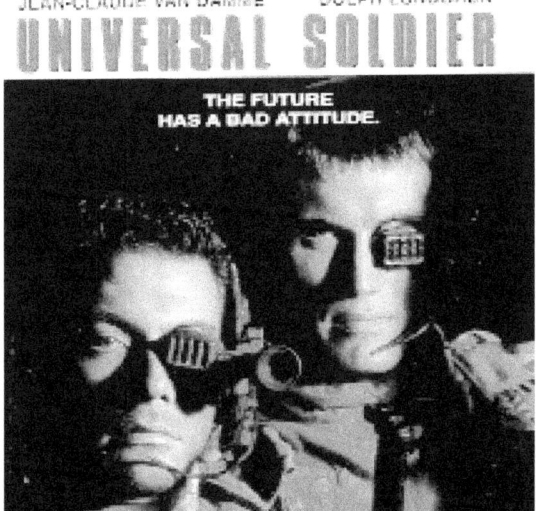

Director: Roland Emmerich

Intérpretes:
JEAN CLAUDE VAN DAMME: Luc Deveraux
DOLPH LUNFGREN: Andrew Scott
ALLY WALTER: Veronica

Antes de que el director Roland Emmerich saltara a la fama con *Independence Day* y *Godzilla*, se puso al frente para dirigir al karateca Van Damme, en un intento de revitalizar su imagen, labor que también abarcaría al también fornido Dolph Lundgren. Emmerich era ya un buen artesano del cine de ciencia-ficción desde *Stargate*, y en esta ocasión nuestros androides son el producto de una reconversión procedente de dos soldados que habían acabado muertos en la guerra del Vietnam. Recompuestos en casi todo, la tecnología les hace revivir 25 años después, pero las escenas retrospectivas llegan con fuerza a sus cerebros, a uno para acrecentar su odio y maldad, y al otro para cuestionarse si no sería mejor dejar las armas y hacer el amor más a menudo. Esta última conclusión es, lógicamente, la del rubio Van Damme, pero su compañero de fatigas no le deja vivir en paz y ambos deben pelear por la supervivencia.

Si le gustan las artes marciales lo pasará bien con esta historia acertadamente dirigida, pero si lo suyo es la ciencia-ficción se sentirá ligeramente desilusionado, aunque el entretenimiento estará asegurado hasta el final.

JUEZ DREDD
(1995)

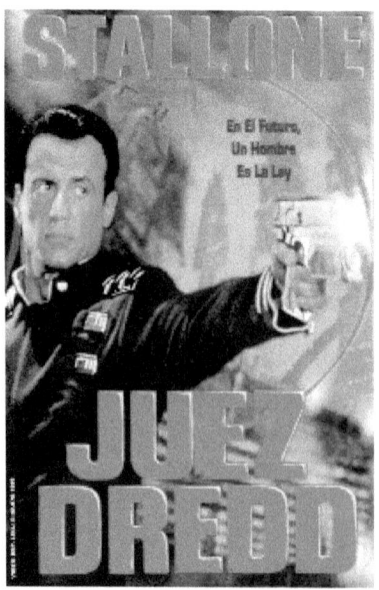

Director: Danny Cannon
Guión: Steven E. de Souza, William Wisher
Basada en una historia de: William Wisher

Intérpretes:
SYLVESTER STALLONE: Juez Dredd
ARMAND ASSANTE RICO: Rico
ROB SCHNEIDER: Fergie
MAX VON SYDOW: Juez Fargo
DIANE LANE: Juez Hershey

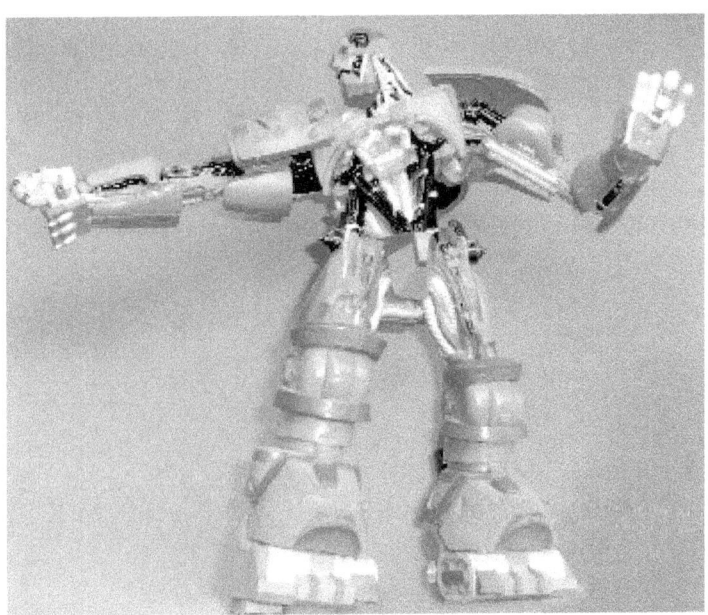

La película está basada en un cómic ambientado en el futuro, en una época en la cual reina la anarquía y los ciudadanos resuelven sus problemas matándose entre sí, aunque en muchas ocasiones las batallas son solamente una forma de divertirse y romper la monotonía. La única fuerza disponible para controlar el caos son los Jueces, un grupo de policías que llevan trajes blindados y que ejercen in situ como juez y jurado, lo que les lleva a efectuar la sentencia allí mismo. Ésta casi siempre es mortal o de cadena perpetua, por lo que los detenidos se resisten un poco a ello.

Juez Dredd es una película al servicio de Sylvester Stallone, el actor ideal para ejercer tal cantidad de violencia sin molestar al espectador. Aunque es rudo, le vemos como inteligente y mucho sentido del humor, por lo que casi le aplaudimos cuando efectúa sus sentencias mortíferas. Para suavizar las cosas le ponen un amor en la figura de Dianne Lane, una chica tan fuerte como él, aunque para ambos el sexo no es lo más importante en una relación entre hombre y mujer.

Buenos y sombríos efectos especiales, pero mostrados en unas escenas tan rápidas que apenas si podemos disfrutar de ellos. Existe una gran ciudad que nos recuerda a otras vistas en "Dune" o "Desafío total", pero que pensamos son apropiadas para mostrar cómo viviremos los humanos en el futuro. El robot impresionante, aunque sentimos que nos lo destrocen demasiado pronto.

STAR TREK: PRIMER CONTACTO
Star trek: First contact (1997)

Director: JONATHAN FRAKES
Producción: RICK BERGMAN
Guión: BRANNON BRAGA y RONALD D. MOORE
Música: JERRY GOLDSMITH

Intérpretes:
PATRICK STEWART: Capitán Jean-Luc Picard
JONATHAN FRAKES: William Riker
BRENT SPINER: Data
VAR BURTON: Geordi La Forge
MICHAEL DORN: Worf
GATES McFADDEN: Dra. Beverly Crusher
ALICE KRIGE: Reina Borg

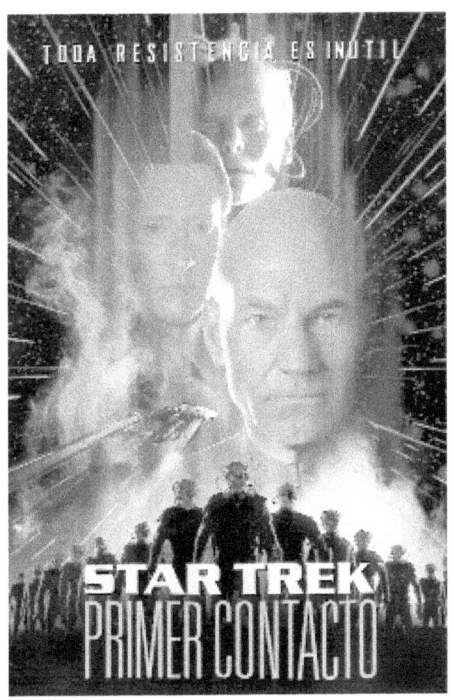

Con el relevo generacional efectuado en la película anterior y enlazando con la serie de televisión, vemos ahora al Capitán Picard haciendo frente a una invasión de los Borg, quienes después de penetrar en la zona espacial que controla la Federación de Planetas, se dirigen al planeta Tierra para someter a sus habitantes. Picard ya había tenido en otras ocasiones enfrentamientos con los malvados Borg, mitad máquina mitad seres orgánicos, y en una ocasión fue apresado por ellos y reprogramado mentalmente. Esto le permitió conocer perfectamente sus planes y captar sus pensamientos hostiles. Sabiendo previamente sus intenciones pudo abortar su intento de invasión terrestre, pero no puede impedir que los Borg realicen un salto hacia atrás en el tiempo, hacia lo que se denominó Nueva Era Medieval, después de la Tercera Guerra Mundial.

Este argumento, que en principio parece sencillo de explicar, es objeto de numerosos añadidos que generan confusión al espectador no versado en la serie Star Trek de televisión. En este supuesto, la confusión argumental es alta y es posible que no se entienda la trama de la película hasta más allá de la mitad. Una vez superada esta confusión, la película se ve con agrado y podemos considerarla como una buena continuación de la serie, con los nuevos personajes perfectamente asumidos por los aficionados.

La película está dirigida por el actor Jonathan Frakes, a quien hemos visto ya en La Nueva Generación y efectuando labores de dirección en Espacio Profundo Nueve y Voyager, también de la serie Star Trek.

La película tuvo bastante éxito en el mundo entero y solamente en Estados Unidos logró 90 millones de dólares en el momento de su estreno.

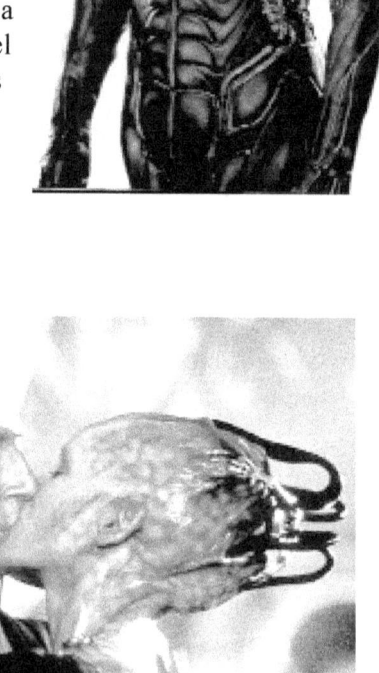

Nuestro robot preferido indudablemente es Data, quien en esta ocasión debe unirse a toda la tripulación del Enterprise para pelear con los malvados Borg, aunque Picard posee una gran experiencia sobre sus costumbres, pues hace tiempo fue asimilado por ellos.

Estos engendros son terroríficos, y después de que les disparen dos veces modifican sus defensas y ni los fáser les hacen mella. Están dirigidos por su reina, una guapa y seductora androide que hasta consigue encandilar al bueno de Data, logrando que veamos el primer beso espacial entre dos robots. Ella normalmente se muestra como una cabeza parlante, pero para que veamos que también sabe arreglarse, se nos pone un ceñido traje negro, debidamente escotado, y con sus andares cautivadores nos invita a que nos unamos a su imperio Borg.

PERDIDOS EN EL ESPACIO
Lost in Space (1998)

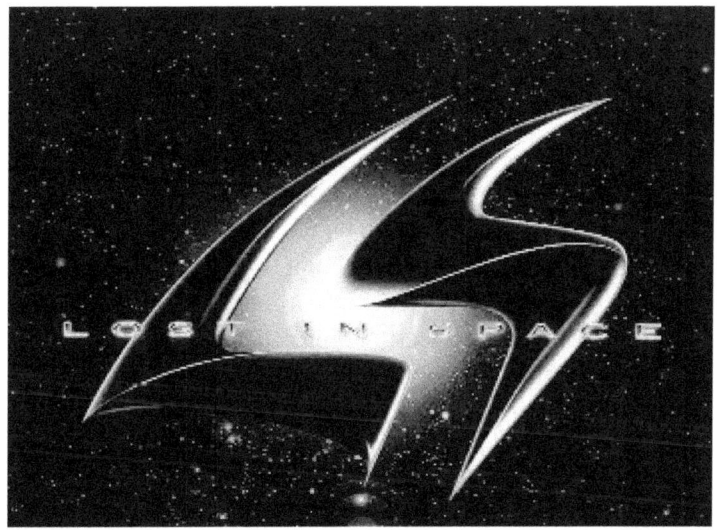

Productor: Mark W. Koch, Stephen Hopkins
Guión: Akiva Goldsman
Fotografía: Peter Levy
Música: Bruce Broughton
Director: Stephen Hopkins

Intérpretes:
GARY OLDMAN: Dr. Smith
WILLIAM HURT: John Robinson
MATT LEBLANC: Don West
MIMI ROGERS: Maureen Robinson
JACK JOHNSON: Will Robinson

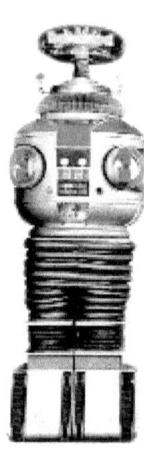

"Lost in Space" (Perdidos en el Espacio) se emitió en los EE.UU. entre los años 1965 y 1968, una serie de TV que años después se convertiría en serie de culto. La historia primitiva se conserva, pues vemos a John Robinson, su esposa Maureen y sus hijas Judy, Penny y Hill, como la familia escogida para una misión: la colonización el espacio exterior. Pero cuando iban a iniciar su primer trabajo, la nave se desvía peligrosamente de su rumbo y queda perdida en el espacio, pues tienen como polizón a un saboteador llamado Zachary Smith. A partir de aquí la nave vaga de planeta en planeta anhelando regresar a casa. Su misión, como aventureros del espacio, consiste en encontrar un lugar para que la Humanidad pueda sobrevivir, pero deben hacerlo pronto puesto que La Tierra dejará de existir en veinte años. Todo parece ir bien hasta que una organización terrorista les pone las cosas difíciles y el viaje que debería durar diez años se hace interminable y les deja, como ya sabemos, perdidos en el espacio.

La película fue uno de los éxitos del verano de 1998, lo que fue un suspiro de alivio para los productores que habían invertido 100 millones de dólares. El rodaje se realizó en los estudios Shepperton de Inglaterra, y allí se montaron quince gigantescos decorados.

Con casi 700 escenas con efectos especiales, un argumento sólido y unos buenos actores, es desalentador ver que no tuvo continuación, por lo que nos hemos visto privados de ver las nuevas aventuras de la familia Robinson, tan perdidos que no encuentran nunca un hogar en donde vivir.

Nuestro robot, tan entrañable en la serie televisiva, no se muestra ahora y en su lugar nos proporcionan un gigantón metálico con tan mala leche que intenta destruir a la propia familia Robinson. Afortunadamente es desactivado y el pequeño Will le recompone justo cuando las atroces arañas del espacio amenazan 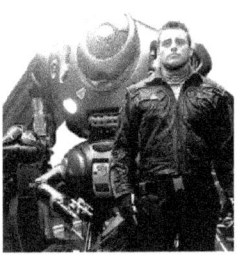 con comérselos a todos. Pero como ya sabemos que no hay enemigo pequeño, el gran robot no consigue dominar a tantos cientos de pequeños depredadores.

EL HOMBRE BICENTENARIO (1999)

Intérpretes:
ROBIN WILLIAMS: Andrew
SAM NELLY: Sir
EMBETH DAVIDTZ: Little Miss/Portia
OLIVER PLATT: Rupert Burns
WENDY CREWSON: Ma'am

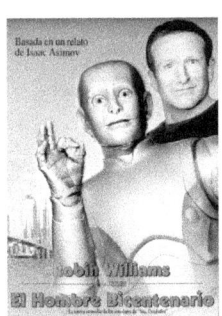

Entretenido y en ningún modo violento, este filme es una diversión pensada para ser vista en familia. Chris Columbus ha conseguido otro discreto éxito y para ello cuenta con la participación de un siempre bien aceptado Robin Williams, quien se encuentra perfectamente apoyado por Sam Neil y Embeth Davidtz. Todos contribuyen a resaltar una película bien dirigida (basada en una historia de Isaac Asimov), que llegará al corazón de los espectadores sensibles

213

y que logra aportar nuevas emociones a la ciencia-ficción.

Nuestro robot es cada vez más inteligente, más humano, y por ello más sensible, lo que le obliga a buscar incluso una compañera femenina, pero tan desquiciada, escandalosa y vacía, que prefiere seguir soltero el resto de su larga existencia.

Indudablemente en la historia del cine con robot incluido, no es frecuente que se nos muestre a una máquina tan bonachona e inteligente, llegando incluso a aturdir con su filosofía a los jueces que quieren destruirlo. Como cualquier marginado social, Andrew lucha por ser aceptado en sociedad, pero en esta ocasión lo hace por el derecho a la libertad para ser tratado como un humano. Como aval ahí están los doscientos años viviendo y experimentando la muerte de los miembros de la familia Martin, tratando de contener las emociones que esto le ocasiona.

Ésta es una gran historia, y asistimos emocionados a esa transformación del robot en un conocido Robin William, quien nos demuestra que hay pocos papeles que no pueda interpretar, desde una criada gorda, a un asesino despiadado o un profesor de poetas.

MATRIX
The Matrix (1999)
The Matrix reloaded (2002)
The Matrix revolutions (2003)

Fotografía: Bill Pope
Música: Don Davis
Guión y dirección: Larry y Andy Wachowski

Intérpretes:
KEANU REEVES: Neo
CARRIE-ANNE MOSS: Trinity
LAURENCE FISHBURNE: Morpheus
DANIEL BERNHARDT: Agente Johnson
HUGO WEAVING: Agente Smith 2.0

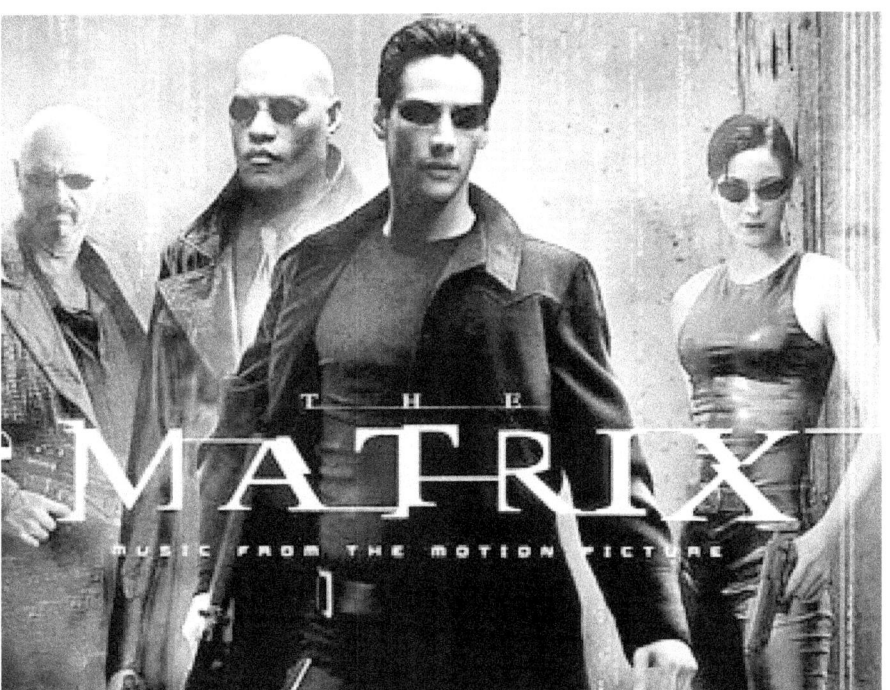

Confuso en ocasiones y aturdidor en otras, el argumento de *Matrix* obliga al espectador a mantener la vista y el oído firmemente pegados a la pantalla. Las rupturas en el tiempo, los baches en el argumento que no se explican -dejando que el espectador saque posteriormente sus conclusiones- y la coreografía en las escenas de lucha a velocidades hasta entonces poco razonables, ocasionan el desconcierto en muchos espectadores. No obstante, ello no excluye a *Matrix* de su mérito, pues para muchos aficionados existe un antes y un después de *Matrix* en el cine de ciencia-ficción y los efectos especiales.

La película es esencialmente visual, un espectáculo que abre las puertas a un nuevo modo de hacer cine, y a pesar de la enrevesada trama que se hubiera podido solucionar sin problemas, nos encontramos con una más que estupenda muestra del moderno cine.

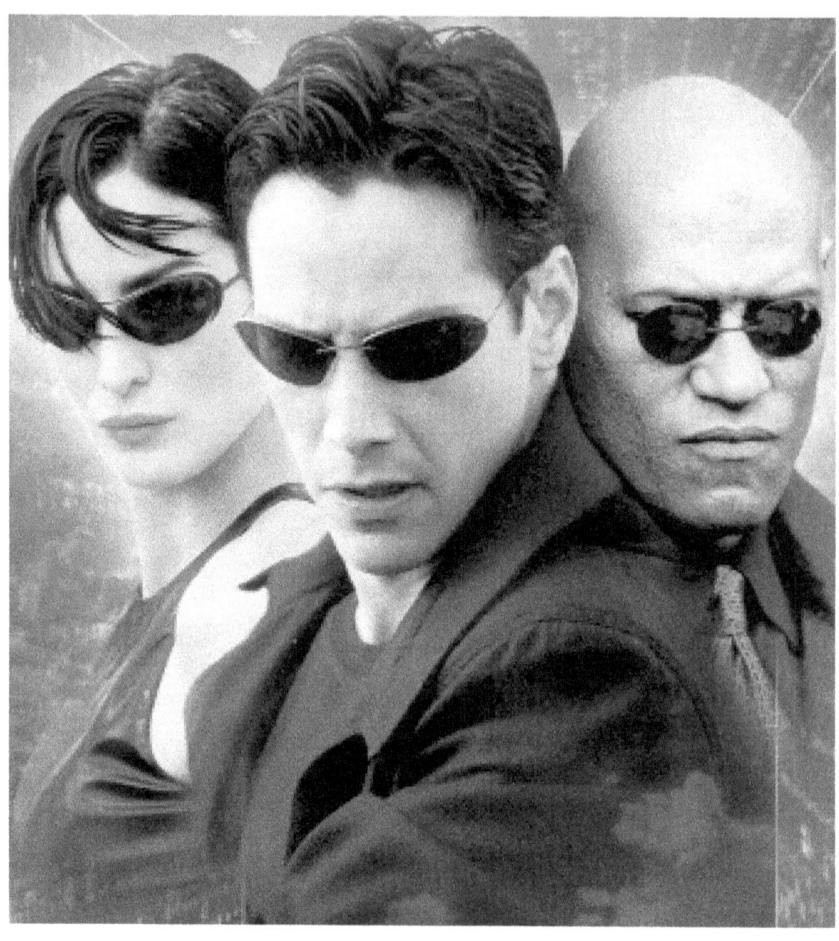

The Matrix Reloaded es la segunda parte de *The Matrix*. Con un presupuesto de 127 millones de de dólares y dirigida por los hermanos Wachowski, se rodó simultáneamente con *The Matrix Revolutions* en EE.UU. y Australia. El filme se realizó en 12 semanas en los alrededores de Oakland, CA, aunque el rodaje total para las dos películas se estima a alrededor de 250 días.

Ahora tenemos mucha más acción y algo de amor, especialmente por el romance entre Niobe (Jada Pinkett-Smith) y Morfeo, así como el del propio Neo con Trinity, sin olvidar a esa hermosura llamada Monica Belluci, cuya presencia era innecesaria pero agradecida visualmente. El resultado final es un filme en donde la acción desenfrenada sustituye al argumento, más filosófico y cargante en ocasiones, demasiado pretencioso, por lo que la atención del espectador se centra en esos efectos especiales tan refinados que resultan casi imperceptibles. Como escenas destacables tenemos la lucha de Neo con los agentes replicados, así como la espectacular persecución con los coches, justificando solamente ésta última la visión de la película.

El ejército de Zion combate para frenar la invasión de los Centinelas que intentan penetrar en la ciudad. Su desesperada lucha puede conllevar la conservación o extinción de la humanidad. Neo (Keanu Reeves) y Trinity (Carrie-Anne Moss) viajarán hasta la Ciudad de las Máquinas, en donde Neo se topará cara a cara con el Deux ex Machina, el máximo poder de las Máquinas, con la intención de llegar a un acuerdo para su supervivencia.

Cuando parecía que nada nos podía sorprender, *The Matrix Revolutions,* la tercera y, aparentemente, última entrega, nos devuelve al universo dominado por las máquinas para recrearnos nuestros sentidos y avivarnos nuestra imaginación. Las escenas de acción desarrolladas en el "mundo real", son mostradas al límite de la tecnología más vanguardista, consiguiendo que el espectador se olvide de los efectos especiales. Por otro lado, la historia amorosa entre Trinitry y Neo, en ciertos momentos fuera de lugar, posee la suficiente carga dramática como para que no perdamos el hilo de la desenfrenada acción. Cuando llegamos al final no existe moraleja y nos deja a nuestra imaginación que pongamos el epílogo que más nos guste, pues seguro que dentro de poco tendremos de nuevo a nuestros héroes en acción.

STAR TREK: INSURRECCIÓN (2000)

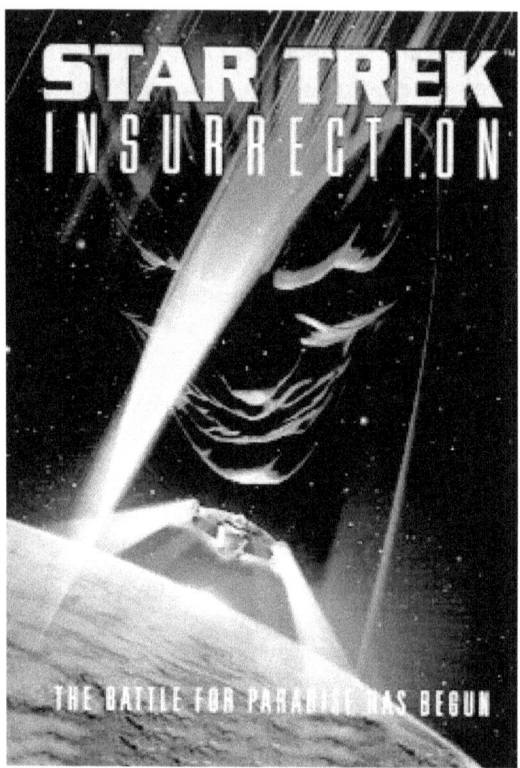

Director: Jonathan Frakes
Guión: Michael Piller
Música: Jerry Goldsmith

Intérpretes:
PATRICK STEWART: Capitán Jean-Luc Picard
JONATHAN FRAKES: William Riker
BRENT SPINER: Data
VAR BURTON: Geordi La Forge
MICHAEL DORN: Worf

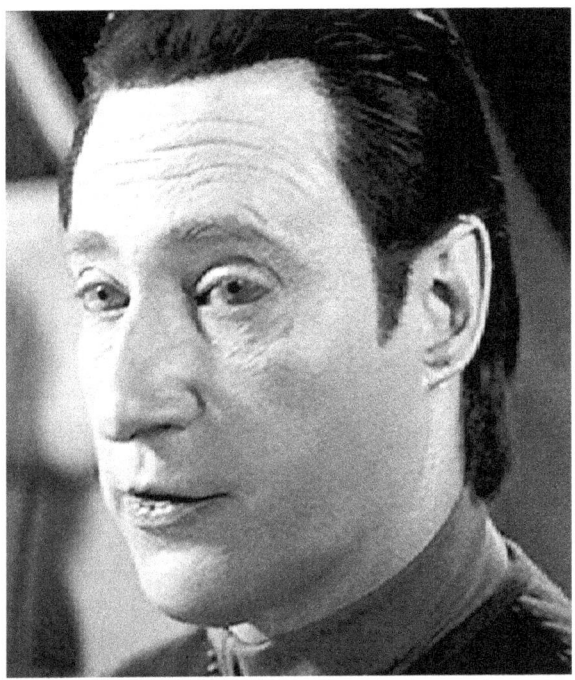

El androide Data parece haber perdido la razón y se muestra incontrolable. Sin embargo, un nuevo problema aparece para Picard cuando tiene que hacer frente a la invasión de un pacífico mundo, en donde 600 habitantes parecen haber encontrado la fuente de la eterna juventud. Desde la fundación de la Federación ha sido objetivo primordial no interferir el desarrollo de otras civilizaciones o grupos, pero ahora debe decidir entre asistir impasible a la destrucción de los residentes en Ba'Hu o desobedecer esa ley férrea. La razón para la invasión es sencilla: una vez en posesión de ese elixir de larga vida millones de habitantes de otros planetas se beneficiarían de ese asombroso descubrimiento. Para Picard solamente hay una elección: rebelarse contra la flota estelar y dirigir la insurrección que salvará ese paraíso.

Meritoria y muy correcta continuación de la saga, aunque la complejidad y costo de los efectos especiales están condicionando su continuidad. En el año 2004 ni siquiera se inició un nuevo filme y mucho nos tememos que si se sigue retrasando mucho el rodaje de las siguientes secuelas los actores empiecen a estar ya demasiado envejecidos, tal y como asistimos a los de la primera generación. No obstante, el aspecto físico de los principales protagonistas parece que les permitirá continuar bastantes años más al frente del Enterprise.

Respecto a los Borg, se trata de una raza de cyborgs, el producto de una tecnología que mezcla la inteligencia artificial con los elementos electrónicos, además de poseer un cerebro y un sistema nervioso central. Inmediatamente después del nacimiento, a los jóvenes Borg se les implantan los nervios, proporcionándoles alimento físico así como información, mediante una red neural conecta todos los cerebros Borg con el resto de su tecnología. El Borg crece totalmente dependiente, y debe permanecer en contacto con los otros cerebros, pues tienen lo que se denomina "una mente colectiva". Por eso, sus naves espaciales son automáticas y están controladas por el grupo, y si resultan dañadas, la reparación la efectúan ellos mismos. No hay jerarquía o cadena de mando en sentido estricto, disponiendo de designaciones numéricas en vez de nombres. Los dispositivos mecánicos implantados substituyen a menudo sus ojos y miembros, siendo un defecto notorio la dificultad extrema para iniciar una acción o reaccionar inmediatamente sin una señal de alarma del colectivo.

A-I. (Inteligencia artificial) (2001)

Fotografía: Janusz Kaminski
Música: John Williams
Guión: Steven Spierlberg
Director: Steven Spierlberg

Intérpretes:
HALEY HOEL OSMENT: David Swinton
JUDE LAW: Gigolo Joe
FRANCES O´CONNOR: Monica Swinton
WILLIAM HURT: Profesor Hobby

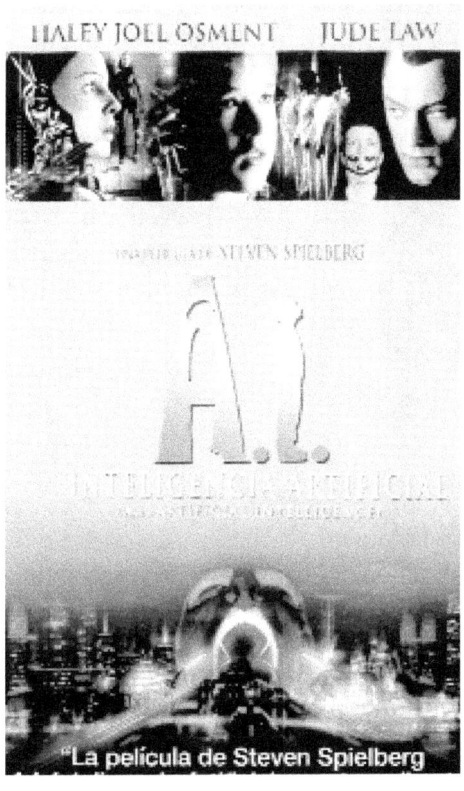

Por fin Steven Spielberg acepta retornar como director al género que más popularidad le ha otorgado, y contrata el pequeño Haley Joel Osmen, a quien conocimos en "El sexto sentido", para contarnos una historia futurista sobre el deshielo de los casquetes polares. El pequeño es en realidad un robot humanizado y será el encargado de aportar la necesaria dosis de ternura, mientras un Robin William escondido tras las cámaras nos va relatando en off la película.

Pero después de tantos años sin dirigir una película de ciencia-ficción, el retorno de Spielberg ha decepcionado a casi todos. Y es que el problema está en la historia, más cerca de una nueva versión de Pinocho que de una visión futurista del destino de los robots. Los Meca conviven desde hace años con los Orga, una categoría de humanos que se han acostumbrado a convivir con

221

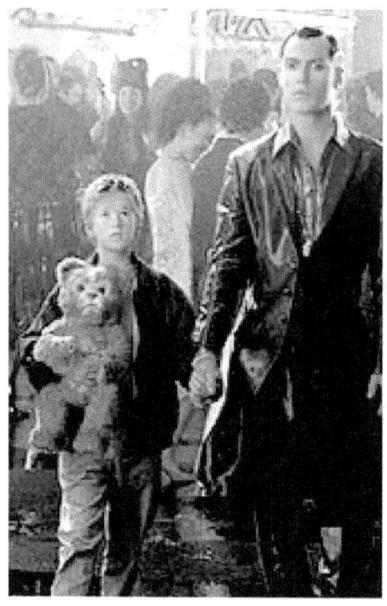

ellos casi en perfecta armonía, pero la inmortalidad de los robots les recuerda demasiado su fatal destino y deciden destruirlos. Desde ese momento se efectúa una caza despiadada y la historia se vuelve macabra, desagradable, aunque, paradójicamente, más interesante que el resto. Pero cuando creemos que todo está enfocado al camino correcto he aquí que nos sacan a un hada madrina, con varita mágica incluida, y el guión naufraga casi en el ridículo.

PLANETA ROJO
Red planet (2000)

Director: Anthony Hoffman
Guión: Jonathan Lemkin
Fotografía: Peter Suschizky
Música: Graeme Revell

Intérpretes:
VAL KILMER
TOM SIZEMORE
CARRIE-ANNE MOSS
BENJAMIN BRATT

En el año 2050 la Tierra se está muriendo y colonizar Marte es la única alternativa. La comandante Bowman y su tripulación deben realizar un viaje de exploración para analizar el planeta. Allí deberán establecerse pronto las nuevas colonias humanas y ese grupo de expertos tendrá que prepararlo todo para la llegada. Lógicamente, el planeta rojo es más hostil y está más vivo de lo previsto, y las dificultades ponen pronto a prueba las capacidades de supervivencia de esta expedición. Aunque el planeta tiene oxígeno, sigue igual de árido, y las edificaciones establecidas allí anteriormente están totalmente destruidas, sin que la causa de ello quede clara. Afortunadamente disponen de un robot inteligente que hace las misiones más peligrosas, pero esa máquina se vuelve contra ellos y trata de aniquilarles.

Interesante y bien logrado filme que nos muestra lo que posiblemente le ocurra a la Humanidad dentro de pocos años, cuando nuestro envejecido planeta no sea suficiente. Memorable la secuencia del acercamiento al planeta Marte, con la inmolación de uno de los protagonistas, todo ello ambientado con algunas de las secuencias espaciales mejor mostradas hasta la fecha.

El robot de esta película es muy eficaz y posee todas las habilidades tácticas y bélicas del mejor de los soldados. Sin embargo, deben quitarle su célula de energía para emplearla en la nave que les hará regresar a la Tierra, lo que significaría su muerte. El robot es tan inteligente que no está dispuesto a que le conviertan en una chatarra inanimada y se rebela, primero huyendo y posteriormente tratando de eliminar a los astronautas. Su eficacia es tan alta, como su armamento, por lo que ahora los protagonistas tienen con él un problema mayor que su propia supervivencia.

STAR WARS: EPISODIO II El ataque de los Clones
Star Wars: Episode II - Attack of the Clones (2002)

Director: George Lucas
Guión: George Lucas, Jonathan Hales
Producción: Rick McCallum
Fotografía: David Tattersall
Música: John Williams
Montaje: Ben Burtt

223

Intérpretes:
EWAN MCGREGOR: Obi-Wan Kenobi
NATALIE PORTMAN: senadora Amidala
HAYDEN CHRISTENSEN: Anakin
IAN MCDIARMID: Palpatine
SAMUEL L. JACKSON: Mace Windu
CHRISTOPHER LEE: Conde Dooku

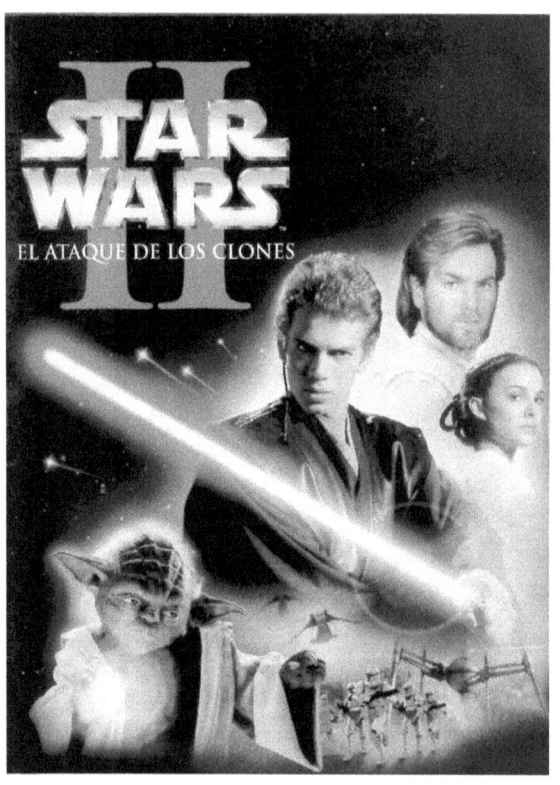

Diez años después de los hechos ocurridos en "La amenaza fantasma", las aventuras continúan para los Jedis. Ahora, Obi-Wan, una vez muerto su maestro Qui-Gon Jinn, es ya un caballero Jedi con plenos poderes, y su pupilo Anakin Skywalker se ha convertido en un joven de 19 años. Impetuoso, rebelde y manifiestamente agresivo, se enamora de Amidala, lo que no nos extraña dado que es casi la única mujer hermosa del filme, y entre tanto varón no había donde elegir.

Ella le ha esperado físicamente, pues parecen tener su misma edad, y eso que en la primera entrega Anakin era un niño y ella una jovencita con malas pulgas.

El maestro Yoda se muestra por primera vez en todo su esplendor, pues además de tener un vehículo que le mantiene en el aire, es capaz de asombrarnos al final de la película peleando y saltando por los aires contra el malvado Conde Dooku, quien a pesar de sus 70 años se mueve con la agilidad de un experto karateca. El secreto es que ambos son Jedi, y eso hace mucho.

Pero para darnos un respiro Lucas nos muestra el romance entre Anakin y Amidala, momentos en los cuales la película se viene estrepitosamente abajo y aprovechamos para comer palomitas y acordarnos de la Princesa Leia y compañía.

Salvando este ya previsible bache, nos deleitamos con una réplica de "Quo-Vadis", en donde nuestros protagonistas son atados en unos postes mientras que un gigantesco toro (además de otros bichos interespaciales) está decidido a cornearles. Esta escena es lo mejor de todo el filme, lo mismo que la larga persecución por la ciudad en busca del cazarecompensas Jango Fett, padre del que luego será Boba Fett

Indudablemente la mayoría de los errores del primer filme han quedado corregidos y esta segunda entrega es un espectáculo apenas sin desperdicio, aunque le sobra algo de metraje, precisamente ese idilio platónico entre Amidala y Anakin.

Los robots son ahora centenares, de todos los tipos imaginables, por lo que nos hemos sentido un poco aturdidos para fijar la vista en alguno concreto. Se trata de máquinas infernales de destrucción, algunas gigantescas, otras con aspecto humano, y las más capaces de aniquilar a cualquiera que se ponga por delante. Indudablemente son producto de la tecnología digital, quizá demasiado perfectas, pero indudablemente consiguen el efecto buscado, que nos es otro que asombrar al espectador, el cual no consigue imaginarse cómo serán los efectos especiales dentro de 20 años.

MINORITY REPORT
(2002)

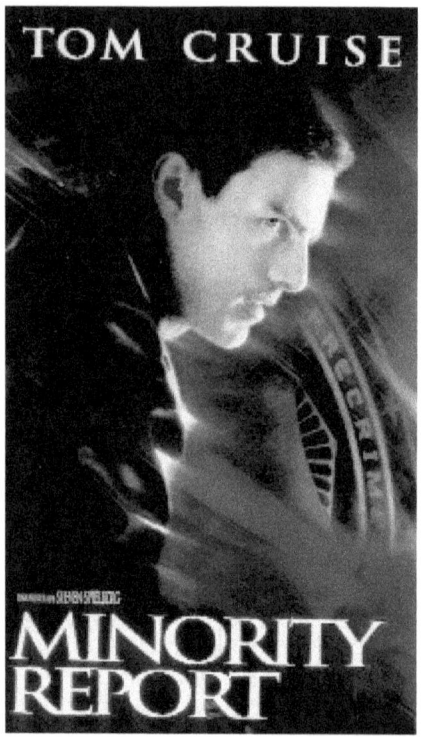

Director: Steven Spielberg.
Guión: Jon Cohen, Frank Darabont, Scott Frank, Gary Goldman y Ronald Shusett, a partir del relato de Philip K. Dick.
Música: John Williams.
Fotografía: Janusz Kaminski.
Montaje: Michael Kahn.

Intérpretes:
TOM CRUISE
COLIN FARRELL
SAMANTHA MORTON
MAX VON SYDOW
KATHRYN MORRIS

Nuevamente retorna Spielberg al cine de ciencia-ficción, una vez cosechado el discreto fracaso de *I.A.* Ahora cuenta con uno de los actores más taquilleros de los últimos años (Cruise) y emplea la adaptación de un relato de Philip K. Dick.

Minority trata sobre un policía del futuro, John Anderton (Tom Cruise), que trabaja en una división muy especial. En ese departamento, los agentes se encargan de arrestar a asesinos antes de que éstos cometan sus crímenes, gracias a una avanzadísima tecnología que permite anticipar hechos futuros. Pero un día, Anderton se convierte en protagonista de su propia máquina del tiempo, al ser acusado de un futuro crimen. Ante él se presenta una doble y tiránica tarea: descubrir lo que va a ocurrir... e impedirlo antes de que ocurra.

La historia, pues, parece sugestiva, pero igual podría haberse desarrollado en el siglo pasado o dentro de 500 años, aunque se nos antoja que dentro de apenas 50 años esa tecnología aún no existirá, salvo que contemos con H. G. Wells. Los efectos especiales son notorios cuando nos muestran cómo serán las ciudades del futuro, pero la tecnología digital se percibe con más claridad de lo deseado.

En resumen, todavía estamos esperando el verdadero renacer de Spielberg, pues desde que finalizó la trilogía de "Jurasic Park" no ha conseguido recuperar el liderazgo que tenía, y mucho nos tememos que con este filme tampoco lo logrará.

YO, ROBOT
I, Robot 2004

Director: Alex Proyas
Guión: Jeff Vintar, Akiya Goldsman
Fotografía: Simon Duggan
Música: Marco Beltrami

Intérpretes:
WILL SMITH: Del Spooner
BRIDGET MOYNAHAN: Susan Calvin
BRUCE GREENWOOD: Lance
CHI MCBRIDE: John

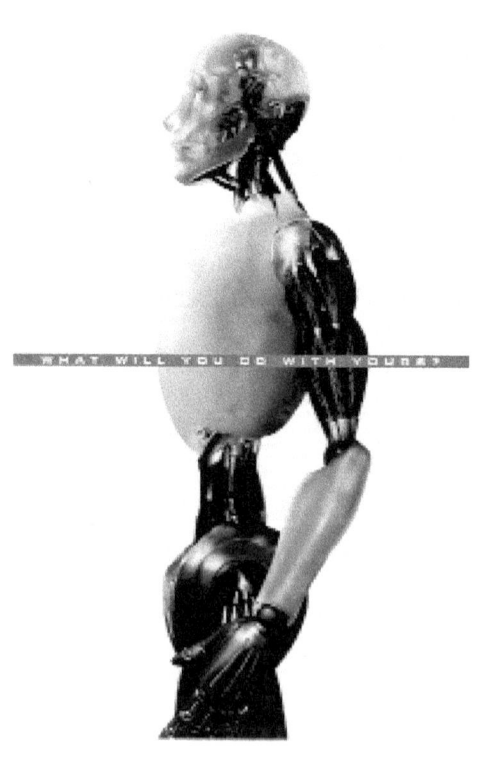

Nos encontramos en el año 2035, casi a la vuelta de la esquina del tiempo, cuando en Chicago los robots y los humanos viven en perfecta armonía. Realmente la Humanidad ha construido al sirviente perfecto, y han logrado que sepan cocinar, conducir coches y aviones, y hasta cuidar eficazmente a nuestros hijos. El secreto está no solamente en la tecnología, sino en que hemos introducido en su portentosa memoria las Tres Leyes de la Robótica, mediante las cuales nunca podrán hacer daño a un humano.

Pero al igual que un ordenador nos puede borrar inesperadamente nuestro trabajo de varios meses, estas máquinas también son imperfectas y un día un robot se ve implicado en el crimen de un brillante científico. Para esclarecer esta anomalía, el detective Del Spooner, la Dra. Susan Calvin y un robot programado para tener sentimientos, Sonny, se involucrarán en una impactante carrera contra el tiempo, llena de desagradables imprevistos. Su único objetivo será evitar que se lleve a cabo un complot donde los robots dominarán la raza humana. Esto significaría haber violado las leyes de la robótica y el aterrador convencimiento de que, desde ahora, nada podría detener a las máquinas pensantes. La colaboración de una doctora experta en psicología robótica podría solucionar el asunto.

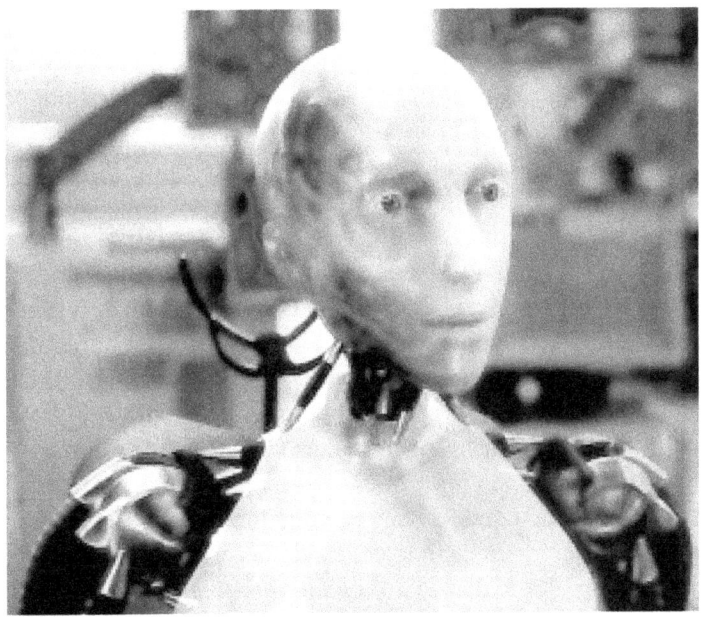

Aunque Asimov ha escrito reiteradamente relatos de robots, generalmente lo hace hablando de grandes máquinas sin ningún parecido con los seres humanos, siendo esta la primera vez que los asemeja en su comportamiento delictivo. Indudablemente cualquier máquina se puede estropear y como consecuencia ejercer mal la función para la cual ha sido creada, pero cuando el cine nos describe su capacidad para hacer daño deliberadamente, nos estremecemos y miramos con recelo desde entonces al pequeño juguete mecánico de nuestros hijos, tan parecido a nosotros que hasta articula algunas frases.

Basada en una novela corta de Isaac Asimov y bajo la dirección de Alex Proyas (El Cuervo), nos relatan una epopeya situada en el año 2035, cuando los robots forman parte de la vida de los humanos, bien sea como ayudantes o como simples obreros. Sin embargo, algo parece torcerse cuando un agudo detective descubre que detrás de un asesinato puede estar involucrado un robot llamado Sony. Esta historia, preludio de una trilogía ya esbozada, nos conduce a una historia apasionante, finalizada la cual lamentamos que esas dos horas de proyección se nos hayan hecho tan cortas. Y es que en esta ocasión el guión está tan bien construido como la historia, los diálogos parecen dichos por personas inteligentes, al mismo tiempo que aquí nadie se sale de tono, ni siquiera los robots, las máquinas más sensatas de toda la historia del cine. Ni siquiera Terminator, tan corto de palabras y larga mano, consiguió interesarnos tanto, pues ahora los héroes, las heroínas, y hasta los malos, se comportan de modo razonable.

Will Smith vuelve al cine que más prestigio le ha proporcionado y después de ponerse el traje y las gafas negras para salvarnos de los alienígenas, nos lleva ahora a un mundo de miedo, fantasía y acción, en su papel del detective Spooner.

El director Proyas nunca ha gozado de nuestro aprecio, al menos desde que le vimos iniciarse en el cine con "El Cuervo", pero ahora vemos que ya ha aprendido la técnica cinematográfica, aunque de vez en cuando confunda las escenas de acción con un vídeoclip. Por lo demás, los efectos especiales casi pasan desapercibidos, incluso cuando nos muestran ese razonable mundo futuro, y no hemos tenido que soportar, por fin, que los protagonistas se den el beso final. El robot NS-5 es ahora el protagonista indiscutible del filme, con su mirada huidiza, aunque con frecuencia nos parece inquietante, pues sabemos que esconde un as en la manga para llevar a cabo sus propósitos.

ÍNDICE

www.ingramcontent.com/pod-product-compliance
Lightning Source LLC
Chambersburg PA
CBHW051452170526
45166CB00001B/215